AF274708

... Títulos relacionados

HOTA0208
GESTIÓN DE PISOS Y LIMPIEZA EN ALOJAMIENTOS
[CERTIFICADO COMPLETO]

Solicítalos en:
- Librería
- www.paraninfo.es
- Solicitudes nacionales +34 914 463 350
- Solicitudes fuera de España +34 913 308 907, +34 913 308 919

Procesos de limpieza y puesta a punto de habitaciones y zonas comunes en alojamientos

M.ª Carmen Mas Muñoz

© 2025 Ediciones Paraninfo, S. A.
© 2025 M.ª Carmen Mas Muñoz

Edición y maquetación: Ediciones Nobel, S. A.

Impresión: Liberdigital (Casarrubuelos, Madrid)
ISBN: 978-84-283-7603-7
Depósito legal: M-20648-2025

Impreso en España

Autora

M.ª Carmen Mas Muñoz es técnico de empresas y actividades turísticas por la Escuela Oficial de Turismo de Madrid, técnica especialista en Administración Hotelera y técnica auxiliar en Reguría de Pisos.

Comenzó su actividad docente en el año 1986 como profesora técnica de la especialidad de Hostelería y Turismo, impartiendo clases de Regiduría de Pisos, Cocina y Pastelería y Restauración, y durante el periodo que comprendió el desarrollo de las enseñanzas LOGSE obtuvo la habilitación de la Consejería de Educación de la Comunidad de Madrid para impartir el módulo profesional de Reguría de Pisos.

A lo largo de su trayectoria docente ha participado en numerosos proyectos educativos como Atenea, Comenius, Petra-II y el programa piloto European Teacher Placement, entre otros. Ha ejercido cargos de jefa de departamento, profesora-tutora, representante del sector de profesores del consejo escolar de centros educativos, consejera del CPR Madrid Centro y representante de profesores en el CAP Madrid Centro.

Durante los últimos años de su carrera profesional ha impartido el módulo de Gestión del Departamento de Pisos del ciclo formativo de grado superior Alojamientos Turísticos, en la Escuela Superior de Hostelería y Turismo de Madrid.

Índice

Introducción normativa

La Ley Orgánica 3/2022, de 31 de marzo, de ordenación e integración de la Formación Profesional, contiene una disposición derogatoria única que afecta a la regulación de los certificados de profesionalidad, ahora denominados **Certificados Profesionales**. La referida normativa deroga la Ley Orgánica 5/2002, de 19 de junio, de las Cualificaciones y de la Formación Profesional, y abre un escenario de cambios que se irán implementando progresivamente.

La Ley Orgánica 3/2022, de 31 de marzo, de ordenación e integración de la Formación Profesional implica que toda la formación es acumulable. La oferta formativa se estructura de forma escalonada, siendo los Certificados Profesionales un nivel intermedio (Grado C) de una escala que va desde el Grado A hasta el D.

En los artículos 35 a 38 de la Ley 3/2022 se describe en qué consisten estos Certificados Profesionales: su oferta, formación asociada, estructura, duración, acceso, titulación y validez. Posteriormente, esta normativa se completa con lo dispuesto en el Real Decreto 659/2023, de 18 de julio, que desarrolla la ordenación del sistema de Formación Profesional. Concretamente en los artículos 67 a 81 es donde se hace referencia a la oferta formativa de Grado C, correspondiente a los Certificados Profesionales.

Están agrupados en 26 familias profesionales con características comunes del sector. En la actualidad hay más de medio millar de Certificados Profesionales incluidos en el Repertorio Nacional. Esta cifra no deja de crecer. Además, cada certificado está específicamente regulado por un real decreto.

Un Certificado Profesional corresponde al Grado C de la oferta del Sistema de Formación Profesional. Es un documento oficial, con validez en todo el territorio nacional y debe constar en el Catálogo Nacional de Ofertas de Formación Profesional, que certifica la capacitación para el desarrollo de una actividad profesional.

Debe detallar los módulos profesionales superados y los estándares de competencia profesional asociados a él e incluidos en el **Catálogo Nacional de Estándares de Competencias Profesionales**, así como su correspondencia con el Marco Español de Cualificaciones.

Despliegan su validez en un doble ámbito, laboral y académico:

- En el contexto laboral tienen validez profesional, porque acreditan las competencias en una determinada profesión. Para poder trabajar en algunas profesiones, se exigen determinadas cualificaciones, y los certificados sirven para acreditarlas.

- Asimismo, tienen validez académica, puesto que permiten continuar un itinerario formativo siempre que se cumplan los requisitos de acceso para cursar la titulación deseada. De tal modo que, los Certificados Profesionales que sean parte de un Grado D permitirán la matrícula modular para completar los módulos establecidos en el currículo y obtener el correspondiente título de técnico básico, técnico o técnico superior con validez en todo el territorio nacional.

Para obtener un Certificado Profesional (Grado C) es preciso cumplir con los requisitos de acceso para realizar la formación.

Estructura de los Certificados Profesionales

I. Identificación: denominación, familia y área profesional a la que pertenecen; nivel de cualificación profesional (1, 2 o 3); cualificación profesional de referencia; entorno profesional y módulos formativos que esté previsto cursar junto con la duración de cada uno de ellos.

II. Perfil profesional: incluye las competencias profesionales requeridas en el mercado laboral. En todas ellas se concretan las realizaciones profesionales y los criterios de realización.

III. Formación: describe los módulos formativos que esté previsto cursar para adquirir las competencias requeridas. En cada uno de ellos se indican las capacidades que se pretende alcanzar y la duración del módulo de prácticas no laborales —PNL—, para el que cabe solicitar exención si se cumplen determinados requisitos.

IV. Prescripciones de las personas formadoras.

V. Requisitos mínimos de espacios, instalaciones y equipamiento.

Los Certificados Profesionales se identifican con una denominación concreta y un código alfanumérico propio, y sirven para acreditar una determinada cualificación profesional. Cada certificado está asociado a una relación de unidades de competencia que, a su vez, se vinculan con una serie de módulos formativos específicos. Algunos módulos están integrados por unidades formativas y tanto unos como otras son, en ocasiones, transversales, lo que significa que se trata de contenidos incluidos en más de un Certificado Profesional.

Los Certificados Profesionales se articulan en tres niveles de competencia profesional (1, 2 y 3) conforme a lo dispuesto en el que será el Catálogo Nacional de Estándares de Competencias Profesionales, anteriormente Catálogo Nacional de Cualificaciones Profesionales (CNCP), según los criterios establecidos de conocimientos, iniciativa, autonomía y complejidad de las tareas, en cada una de las ofertas de Formación Profesional.

La oferta formativa dirigida a la obtención de los Certificados Profesionales tiene carácter modular para favorecer la acreditación parcial acumulable de la formación recibida y posibilitar así el avance en el itinerario de Formación Profesional para cualquiera que sea la situación laboral de cada persona en cada momento.

En definitiva, el Grado C constituye la oferta, parcial y acumulable, del sistema de Formación Profesional, de varios módulos profesionales del catálogo modular de Formación Profesional por razón de su significado en el mercado laboral y conducente a la obtención de un Certificado Profesional.

Las ofertas de Grado C de Formación Profesional tendrán por objeto módulos profesionales incluidos previamente en el catálogo modular de formación profesional y asociados al Catálogo Nacional de Estándares de Competencias Profesionales.

Finalidad de los Certificados Profesionales

- Contribuir a la ordenación de un Sistema de Formación Profesional al servicio de un régimen de formación y acompañamiento profesionales que sea capaz de responder con flexibilidad a los intereses, expectativas y aspiraciones de cualificación profesional de las personas a lo largo de su vida.

- Combinar escuela y empresa situando a la persona en el centro del sistema.

- Facilitar el aprendizaje permanente de toda la ciudadanía mediante una formación abierta, flexible y accesible, estructurada de forma modular, a través de la oferta formativa asociada al certificado.

- Acreditar las cualificaciones profesionales o las unidades de competencia recogidas en estas, independientemente de su vía de adquisición, bien sea través de la vía formativa, o mediante la experiencia laboral o vías no formales de formación.

- Favorecer, tanto a nivel nacional como europeo, la transparencia del mercado de trabajo.

- Contribuir a la calidad de la oferta de Formación Profesional.

Este libro

El presente libro desarrolla la unidad formativa denominada *Procesos de limpieza y puesta a punto de habitaciones y zonas comunes en alojamientos,* UF0045.

Dicha unidad formativa está asociada a la unidad de competencia UC1068_3 y forma parte del módulo formativo MF1068_3 *Control de procesos en pisos* perteneciente a la Cualificación Profesional de referencia HOT333_3, de nivel 3, incluida en el Certificado Profesional denominado *Gestión de pisos y limpieza en alojamientos,* dentro de la familia profesional Hostelería y Turismo.

Según el Real Decreto 1376/2008, de 1 de agosto, modificado por el RD 619/2013, de 2 de agosto, los contenidos que en esta obra se recogen se corresponden con una duración de 60 horas.

Tanto la estructura como el desarrollo del libro se ajustan al citado real decreto y más concretamente a los contenidos de la unidad formativa que le da título *Procesos de limpieza y puesta a punto de habitaciones y zonas comunes en alojamientos,* UF0045.

Contenidos

1. **Selección y control de uso de equipos, máquinas y útiles propios de limpieza y puesta a punto de habitaciones y zonas comunes en alojamientos**
   - Productos específicos de limpieza de habitaciones y zonas comunes en alojamientos.
     - Análisis y evaluación de productos de limpieza. Rendimientos. Condiciones para su utilización.
     - Riesgos: identificación, causas más comunes y prevención.
   - Equipos, maquinaria, útiles y herramientas.
     - Descripción y aplicaciones.
     - Limpieza y mantenimiento de uso.
     - Normas de seguridad en su utilización.
   - Procedimientos de búsqueda y tratamiento de proveedores.

2. **Análisis y ejecución de los procesos de limpieza y puesta a punto de habitaciones y zonas comunes en alojamientos**

   — Análisis y evaluación de los sistemas, procesos y métodos de limpieza de equipos y mobiliario y de tratamiento de superficies:

     • Aplicaciones de los equipos y materiales básicos.

     • Procedimientos de transmisión de órdenes, ejecución y control de resultados.

   — Formalización de programas de limpieza de locales, instalaciones, mobiliario y equipos propios del departamento.

3. **Control del cumplimiento de las normas de seguridad e higiene en los procesos de limpieza y puesta a punto de habitaciones y zonas comunes en alojamientos**

   — Aplicación de normas, técnicas y métodos de seguridad, higiene, limpieza y mantenimiento en el uso de locales, instalaciones, mobiliario, equipos y materiales propios del departamento de pisos y áreas públicas.

   — Condiciones específicas de seguridad e higiénico-sanitarias que deben reunir los locales, las instalaciones, el mobiliario, los equipos y el material propio del departamento. Prohibiciones.

   — Justificación de la importancia de la higiene de instalaciones y superficies en hospitales y clínicas.

■ Nota del Editor

En Ediciones Paraninfo estamos comprometidos con la calidad de la formación e intentamos que nuestros materiales respondan fielmente y con rigor a las necesidades de todos cuantos confían en nuestro sello editorial.

Tratamos de dar respuesta a los currículos de las unidades formativas y de los módulos que integran los distintos Certificados Profesionales, equilibrando la parte teórica con la práctica para que los procesos de aprendizaje se conviertan en experiencias gratificantes, tanto para docentes como para las personas inmersas en los procesos formativos.

Nuestros objetivos son contribuir de forma decisiva a afianzar aprendizajes, ayudar a adquirir destrezas que tengan significado para el empleo y conseguir potenciar el desarrollo personal.

Para lograrlo contamos con excelentes autores, expertos en las materias que abordan, en la mayoría de los casos docentes de dichas especialidades con dilatada experiencia tanto profesional como académica, porque buscamos perfiles familiarizados con los contextos laborales concretos a los que se refieren nuestros manuales.

Confiamos en poder serte de ayuda y esperamos tus impresiones acerca de nuestro trabajo. Sean positivas o negativas, serán muy bien recibidas y, sin duda, nos ayudarán a seguir mejorando y trabajando con ilusión para continuar siendo un referente en formación para el empleo.

Agradecemos tu confianza en nuestros manuales. Todo nuestro equipo queda a tu total disposición. Puedes contactar con nosotros en esta dirección de correo electrónico:

info@paraninfo.es

Introducción a la obra

Una de las actividades principales del departamento de regiduría de pisos es la de servicios generales de conservación y limpieza.

Queremos remarcar que en la presente unidad hablaremos siempre en femenino cuando nos refiramos a las categorías profesionales, es decir, camareras de pisos, gobernantas, encargadas generales, etc., por tratarse de puestos de trabajo ocupados en su mayoría por mujeres sin que con ello pretendamos ser sexistas ni cometer falta alguna.

En algunos casos seremos repetitivos en muchos conceptos, ya que la materia que se va a desarrollar es ardua y se compone de terminología complicada. Nuestra meta es que, a través de la lectura completa de las presentes unidades y habiendo asimilado los conceptos de varias maneras, el lector pueda alcanzar los objetivos propuestos.

Iniciaremos la actividad conociendo los distintos términos relacionados con la limpieza.

Limpieza son todos aquellos medios que llevamos a cabo para evitar la propagación de agentes que nos afectan la salud.

La limpieza tiene dos vertientes:

a) Limpieza profesional:

  1. Los materiales, maquinaria y productos que se utilizan son industriales.

  2. Puede necesitar una contratación externa.

  3. Los trabajos son ejecutados por personal cualificado.

b) Limpieza doméstica:

  1. Los materiales, maquinaria y productos que se utilizan son de uso personal y sencillo.

  2. No necesita contratación externa.

3. Los trabajos pueden ser realizados por cualquier persona adulta sin necesidad de una cualificación profesional determinada.

La suciedad es toda aquella materia que produce un perjuicio para la salud o estética del ser humano. Es decir, hay elementos naturales o construidos por el ser humano que si dejamos que se acumulen en abundancia crearán un efecto negativo en nuestra higiene. Podemos tener una mesa limpia en la que hay un vaso o cenicero sucio o un centro de flores mal arreglado, la sensación general será de suciedad aunque esté limpia.

El polvo son macropartículas sólidas que se encuentran en la superficie o flotando en el aire que respiramos. El polvo puede ser de origen vegetal (polen), mineral (arena) o químico (humo de chimeneas, coches...).

El polvo puede afectar a nuestra salud, puesto que sirve de medio de propagación de bacterias, llegando a dañar nuestro aparato respiratorio, además de las alergias que produce a muchos seres humanos. Los <u>ácaros</u> del polvo doméstico se encuentran en todas las superficies y suspendidos en el aire. Los ácaros del polvo se alimentan de pequeñas partículas de materia orgánica, que es precisamente el principal constituyente del polvo doméstico.

El saneamiento, desde un punto de vista amplio, es el control de todos aquellos factores tanto personales como ambientales que afectan a nuestra salud y cuyo objetivo es evitar las enfermedades. Dentro de este aspecto, se incluyen medidas como el abastecimiento, la potabilización y depuración de aguas, el control de residuos y de la contaminación atmosférica, etc. Desde un punto de vista estricto, el saneamiento consiste en aplicar técnicas que hagan inocuo el ambiente que nos rodea, como la desinfección, desinsectación y desratización.

La higiene es el conjunto de conocimientos y técnicas que aplican los individuos para el control de los factores que ejercen o pueden ejercer efectos nocivos sobre su salud.

Cuando aplicamos la higiene a la vida laboral tenemos que tener en cuenta una serie de tareas relacionadas con la higiene industrial (ciencia encaminada a proteger y promover la salud y el bienestar de los trabajadores). Encontramos los siguientes conceptos:

a) *Higiene personal*:

- Es importante la higiene de uno mismo porque vamos a convivir durante un largo periodo de tiempo con otras personas, tanto clientes como compañeros de trabajo.

- Nuestra uniformidad y equipos personales siempre tienen que estar limpios, somos la imagen de nuestra empresa.

b) *Higiene en los equipos y herramientas:* los materiales, herramientas y maquinaria que utilicemos tienen que quedar en perfecto estado de limpieza y conservación al finalizar los trabajos y no se deben dejar residuos para el día siguiente.

c) *Ergonomía en el trabajo:* está relacionada con el estado físico y mental de la persona. Se considera higiene laboral y trata de hacer que nuestros trabajos sean más cómodos, motivándonos de esta manera para la realización de las tareas.

La desinfección consiste en la reducción de microorganismos presentes en el medio ambiente por medio de agentes químicos y/o métodos físicos a un nivel que no comprometa la salud de las personas. La desinfección siempre está relacionada con la higiene, ya que, siempre que se lleve a cabo la desinfección de cualquier elemento, estamos higienizando.

Para la desinfección es obligatorio el uso de productos químicos que deberemos dejar actuar durante un tiempo determinado según indicaciones del fabricante o del objetivo que se pretenda alcanzar. Así, por ejemplo, con un par de minutos de contacto con el producto desinfectante y una ligera acción física conseguimos una desinfección baja, precisando en algunos casos hasta cuarenta y cinco minutos de contacto mediante inmersión si el nivel de desinfección que requerimos es alto.

Cuadro 1.1. Comparativa entre desinfección e higiene.

Desinfección	OBLIGATORIO	Utilización de: • Productos químicos • Agua • Material y/o útil de limpieza
	OPCIONAL	Utilización de: • Maquinaria
Higiene	OBLIGATORIO	Utilización de: • Material y/o útil de limpieza
	OPCIONAL	Utilización de: • Productos químicos • Agua • Maquinaria

La esterilización es un sistema de desinfección de choque que acaba con toda vida bacteriológica o virulenta. Para llevarla a cabo es preciso el uso de altas temperaturas o productos con un alto nivel desinfectante en concentraciones altas y con mayor tiempo de contacto.

Según la **teoría o círculo de SINNER** para realizar un tratamiento de limpieza debemos tener en cuenta **cuatro factores:**

1. *Acción mecánica*: consiste en realizar una fricción determinada.

2. *Acción química*: empleo de productos químicos adecuados.

3. *El tiempo de contacto*: dejar actuar el producto según indicaciones de uso. Algunos productos no tienen efectividad si no se dejan actuar durante un tiempo determinado.

4. *La temperatura*: a mayor temperatura el reactivo del producto químico aumenta.

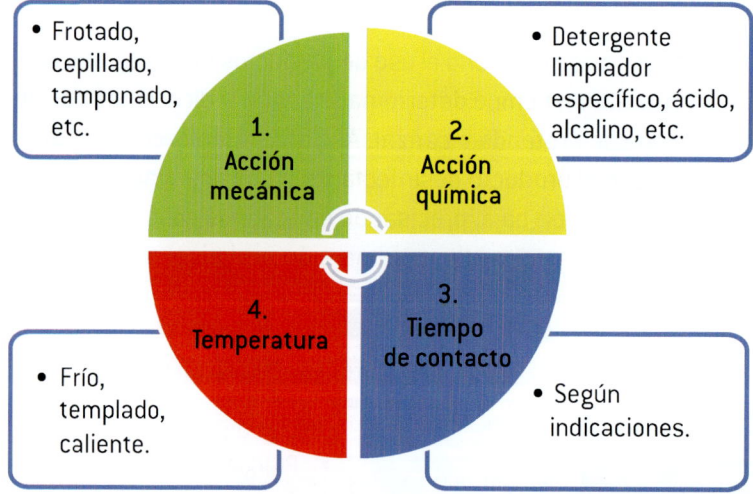

Dependiendo del método de limpieza utilizado, el reparto de los diferentes factores puede diferir. Siempre que en una limpieza manual se utilice un cepillo u otro material, la acción mecánica consigue un mayor alcance del resultado limpiador. Por tanto, para poder obtener un resultado similar, se deben añadir otros factores como los agentes químicos y la temperatura. En la presente unidad analizaremos cada uno de los factores.

Limpieza de habitaciones y zonas comunes e internas en hoteles y apartamentos tras el coronavirus SARS-COV-2

Conviene mencionar en el presente capítulo lo que ha supuesto el cambio de los protocolos de limpieza tras la aparición del coronavirus SARS-COV-2.

En su momento, el ICTE (Instituto para la Calidad Turística Española) en colaboración con otros organismos publicó en mayo de 2020 un manual muy útil denominado «Medidas para la reducción del contagio por el coronavirus SARS-COV-2. Hoteles y apartamentos turísticos. Directrices y recomendaciones». Y que resumiremos más adelante como ejemplo de buenas prácticas.

Poco a poco y con el paso del tiempo, las normas y protocolos de limpieza se han ido relajando, quedando algunos procedimientos y hábitos muy convenientes, y abandonándose otros que deberían mantenerse. En los establecimientos hoteleros de alta categoría siempre se han tenido protocolos de limpieza muy rigurosos que se conservan, no ocurre lo mismo en establecimientos de menor categoría. En cuanto a la frecuencia de cambio de ropa en habitaciones de establecimientos hoteleros, el ICTE publicó en 2001 unas normas de calidad con unas recomendaciones según la categoría del establecimiento estableciendo cambios diarios, días alternos o cada tres días de uso, lo que indirectamente y en algunos casos ha servido de orientación para establecer la frecuencia de limpieza de habitaciones ocupadas.

Durante los inicios de la aparición del coronavirus SARS-COV-2 muchos establecimientos de categorías intermedias e inferiores establecieron menor frecuencia en la limpieza diaria de habitaciones con el objetivo de minimizar la exposición y posible contagio del personal. Posteriormente y tras varios años trascurridos, dicha frecuencia se ha mantenido como algo habitual, reduciendo así el personal contratado. Lo mismo ocurre con los *amenities* de las habitaciones que ya empezaron a reducirse por motivos de sostenibilidad, lo que unido a las recomendaciones tras la aparición del coronavirus SARS-COV-2, han quedado considerablemente recortados.

Volviendo al resumen de las medidas para la reducción del contagio por el coronavirus SARS-COV-2 publicadas por el ICTE, pasamos a exponer las principales, no sin antes indicar que la mayoría de las recomendaciones ya existían y se practicaban con anterioridad, habiendo sido publicadas en la primera edición de este manual, de 2015 y, por tanto, anterior a la aparición del coronavirus COVID-19.

Para un buen plan de limpieza e higiene, adaptaremos las presentes recomendaciones a cada momento y situación.

Seguridad en el personal

- Establecer protocolos de limpieza que sean conocidos por los trabajadores.
- Utilizar los EPI adecuados a cada procedimiento renovándolos con bastante frecuencia.
- Mantener una higiene personal exhaustiva.

- No compartir material de trabajo o dispositivos entre empleados sin haber sido higienizados y/o desinfectados.
- Retirar y recoger los residuos de manera adecuada extremando las precauciones en aquellos que puedan contener fluidos corporales.
- El personal del área de pisos y limpieza no accederá a prestar servicio en las habitaciones mientras el cliente se encuentre en su interior.

En las habitaciones
- Debe analizarse la reducción de textiles (incluidas alfombras) en la habitación, objetos de decoración y *amenities* para actuar de acuerdo con el plan de contingencia definido.
- Se debe definir un sistema para evitar la contaminación cruzada, poniendo la ropa limpia únicamente tras la limpieza y desinfección de la habitación. La ropa sucia debe introducirse en bolsas antes de depositarla en los carros de limpieza.
- Las mantas y almohadas en los armarios deben encontrarse protegidas.
- La frecuencia de cambio de ropa de cama y baño dependerá de la categoría del establecimiento.
- Se pondrá especial atención a la limpieza de paredes, suelos, techos, espejos y ventanas, muebles, equipos y elementos decorativos y funcionales, y a la limpieza de cualquier superficie o equipamiento con un alto nivel de uso/contacto.
- La papelera del baño debe contar con tapa, doble bolsa y accionamiento no manual.
- Si se dispone de secador de pelo en la propia habitación se debe limpiar (incluido el filtro) a la salida del cliente.
- Las perchas, en caso de que no se ofrezcan precintadas, deben ser desinfectadas a la salida del cliente.
- Se debe evitar prestar el servicio de minibar en la habitación si el establecimiento no puede garantizar su limpieza entre clientes.

Zonas comunes
- Los aseos de uso común deben contar con dispensadores de papel de secado o secador de manos. Se deben evitar las toallas, incluso las de uso individual, y limpiarse al menos seis veces al día.

- Las papeleras deben contar con una apertura de accionamiento no manual y disponer de doble bolsa interior.

- El espacio donde se vaya a celebrar cualquier evento, espacios cerrados para las actividades de animación o gimnasios, deben ventilarse dos horas antes de su uso para garantizar la normativa vigente.

- Los dispensadores de papel, gel y jabón deben limpiarse periódicamente, atendiendo al nivel de uso.

Planes de limpieza

Los planes deberán considerar como mínimo:

- Un incremento de la limpieza y repasos, especialmente en las zonas de mayor contacto (superficies, pomos, lavabos, grifería, manivelas, ascensores, mostrador de recepción, puertas, llaves/tarjetas de habitaciones, teléfonos, mandos a distancia, botón de descarga del WC, barreras de protección, control de climatización, secador, dispositivos de control horario, máquinas de gimnasios, barandas, carta de *room service*, minibar, perchas, etc.). De forma específica, debe desinfectarse la zona de trabajo de los empleados al finalizar su turno (ej.: mostrador de recepción, caja...).

- La ventilación/aireación diaria de las zonas de uso común en las que haya habido clientes.

- La limpieza de superficies con productos desinfectantes.

- La limpieza de habitaciones en condiciones de seguridad.

- Los carros de limpieza deben limpiarse y desinfectarse tras cada cambio de turno en el que se hayan utilizado.

- La recogida de papeleras de zonas de uso común debe realizarse en condiciones de seguridad, de forma que las bolsas queden cerradas/selladas y sean trasladadas al punto de recogida de residuos.

- De forma específica, debe revisarse el sistema de aire acondicionado periódicamente, especialmente la limpieza de filtros y rejillas.

- El uso de productos de limpieza desinfectantes en condiciones de seguridad, por ejemplo, dilución recién preparada de lejía (concentración de cloro 1 g/L, preparada con dilución 1:50 de una lejía de concentración 40-50 g/L). También son eficaces concentraciones de etanol 62-71 % o peróxido de hidrógeno al 0,5 % en un minuto, así como el uso de otros métodos alternativos autorizados y de probada eficacia. En todo caso, debe asegurarse la eficacia de los desinfectantes que se usen y se utilizarán de acuerdo con las fichas de datos de seguridad de los productos.

Limpieza de textiles

Se debe cumplir con los siguientes requisitos:

- Los textiles sucios deben depositarse en una bolsa y cerrarla hasta su tratamiento en la lavandería

- Se debe evitar sacudir los textiles sucios. En el caso de lencería, debe evitarse depositarla en el suelo de la habitación o baño.

- Tras la manipulación de textiles sucios, el personal debe lavarse las manos.

- Los textiles sucios deben lavarse a temperaturas superiores a 60 °C. Si el servicio de lavandería se encuentra externalizado, debe informarse al proveedor del servicio de la temperatura mínima exigida.

1. Selección y control de uso de equipos, máquinas y útiles propios de limpieza y puesta a punto de habitaciones y zonas comunes en alojamientos

Introducción

La selección de los utensilios, productos, máquinas, métodos más apropiados y personal necesario para realizar la limpieza dependerá del tipo de superficie a tratar y su grado de desgaste, tipo de suciedad y nivel de desinfección exigido.

Para una buena gestión de almacén tendremos que abrir una ficha de cada producto y máquina con toda la información de interés según explicaremos a continuación.

Contenido

1.1. Productos específicos de limpieza de habitaciones y zonas comunes en alojamientos

1.2. Productos específicos de limpieza en habitaciones y zonas comunes

1.3. Equipos, maquinaria, útiles y herramientas. Descripción y aplicaciones. Limpieza y mantenimiento de uso. Normas de seguridad en su utilización

1.4. Procedimientos de búsqueda y tratamiento de proveedores

1.1. Productos específicos de limpieza de habitaciones y zonas comunes en alojamientos

Antes de comenzar a hablar de los productos de limpieza es imprescindible conocer **EL AGUA**, sus propiedades y ventajas e inconvenientes en el uso de la limpieza.

El agua es el diluyente básico de los productos químicos de limpieza y de la suciedad.

Es imprescindible para aclarar la ropa y las superficies. Arrastra los productos y suciedad fuera del material que se está limpiando.

Contiene minerales que pueden influir negativamente en la limpieza: sales de magnesio calcio, hierro, etcétera.

Una manera de clasificar el agua es por su **dureza,** es decir, por el contenido en **sales de magnesio y calcio** que contiene (dura-blanda).

Cuanto mayor es la cantidad de estas sales, mayor es la dureza del agua.

La dureza del agua puede variar según la fuente de suministro (suministro general o pozo), estación del año, nivel de sequía y por áreas geográficas.

La dureza del agua influye negativamente en la calidad de la limpieza, pudiendo aparecer residuos de cal en las superficies. También disminuye la efectividad de los detergentes y de algunos desinfectantes.

Cuadro 1.2. Ventajas e inconvenientes de las aguas duras y blandas en la limpieza.

Aguas duras	Aguas blandas
• Dificultad para hacer espuma. • Se necesita emplear más detergente. • Los detergentes se precipitan formando grumos. • Aparecen manchas blanquecinas en los materiales que han estado en contacto con el agua (grifos, sanitarios, azulejos, mamparas, etcétera). • La ropa queda áspera y rígida. • Facilidad de aclarado.	• Hacen mucha espuma. • Se necesita menos detergente. • El detergente actúa mejor. • La limpieza es más fácil, no hay restos blanquecinos. • No es preciso suavizante, la ropa queda suave. • Cuesta más aclarar, luego hay un mayor consumo agua.

Para conocer los **<u>PRODUCTOS DE LIMPIEZA</u>,** sus características y utilidades comenzaremos por realizar una <u>clasificación</u>.

A) Por su pH

El pH (potencial de hidrógeno) es una medida de la acidez o alcalinidad de una disolución. La escala del pH varía de 0 a 14 en disoluciones acuosas, siendo ácidas las disoluciones con pH menor a 7 y alcalinas o básicas las que tienen un pH mayor a 7. Se considera zona neutra la que va del 6 al 8. Una disolución neutra pura tiene un pH de 7.

El pH se puede medir con tiras de papel tornasol o tiras de pH que se introducen en el producto y cambian de color dependiendo de su acidez o alcalinidad. Para conocer el pH del producto compararemos el color de la tira con el que nos indica el fabricante. Existen también medidores electrónicos (pHmetros) que nos marcan directamente el valor del pH en una pequeña pantalla.

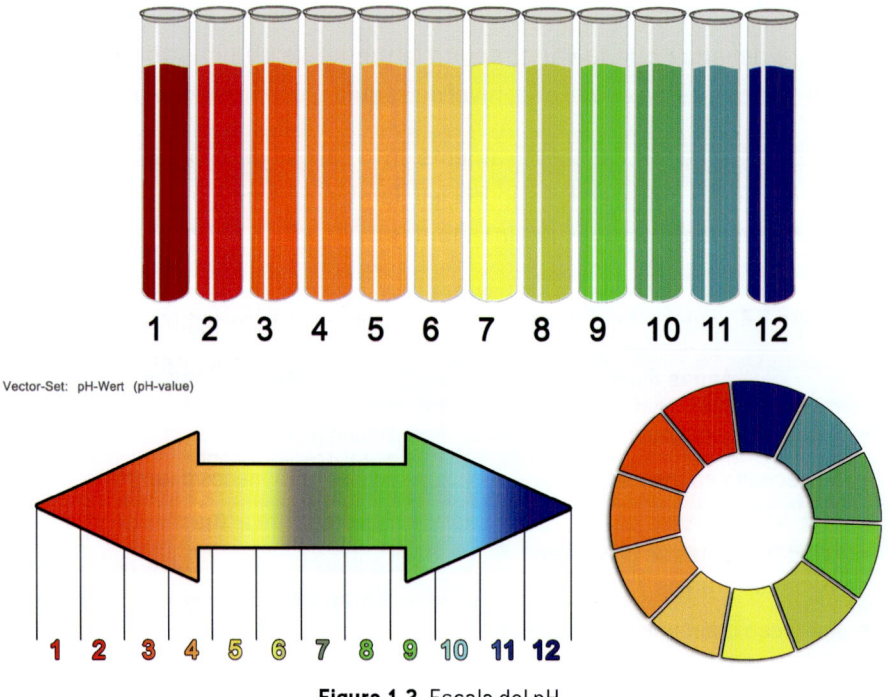

Figura 1.2. Escala del pH.

En el cuadro que aparece a continuación se muestran los productos de limpieza clasificados por grupos según sean ácidos, neutros o alcalinos, indicando entre paréntesis el pH que les corresponde y el tipo de suciedad que tratan.

Cuadro 1.3. El pH de los productos limpieza y sus aplicaciones.

pH	0...1....2.......3............ 6, 7, 8, ...12......13....14		
Clasificación	**Ácidos**	**Zona neutra**	**Básicos o alcalinos**
PRODUCTO	• Aguafuerte (ácido clorhídrico) (0 a 1). • Desincrustante WC (con ácido clorhídrico) (0,3). • Ácido oxálico (1,3). • Desinfectante ácido (1,5). • Limón (ácido cítrico) (2). • Vinagre (ácido acético) (3). • Cristalizador de mármol (2 a 3).	• Agua destilada (7). • Jabón neutro o detergente. • Ceras. • Mantenedor de cera. • Champú de moquetas (7,5).	• Sosa cáustica (hidróxido sódico) (14). • Potasa (14). • Lejía (hipoclorito sódico). (13) • Desinfectante básico (13). • Desengrasante (12,5). • Amoníaco (12). • Decapante cera (12). • Cera metalizada (8,5). • Jabón (8 a 14). • Quitagrasas o desengrasante. • Limpiador tuberías (hidróxido de sodio).
TIPO DE SUCIEDAD QUE TRATAN	**Inorgánica o salina:** Sarros. Cales. Óxido de hierro. Cemento. Yeso.	Suciedades medias y bajas. Restos de bebidas.	**Orgánica o grasa:** Ceras. Proteínas. Grasas medias y fuertes.

B) Por su propiedad

DISOLVENTES O DILUYENTES: sustancia o producto capaz de disolver un cuerpo u otra sustancia. Pueden ser:

• Solubles en agua o hidrófilos, como los alcoholes.

• Solventes. Son volátiles, no solubles en agua y tienen poder desengrasante. Pueden disolver los plásticos.

Ejemplos: alcohol, acetona, aguarrás, esencia de trementina, gasolina, disolvente universal o de poliuretano, etcétera.

DETERSOLVENTES: extraen la grasa consistente. Se componen de solvente y detergente. No usar en pavimentos resistentes al agua.

DESINFECTANTES: producto químico capaz de eliminar o inactivar agentes patógenos como bacterias, virus o protozoos. Un desinfectante puede tener pH ácido o alcalino.

Ejemplos: alcohol, agua oxigenada, yodo y yodóforos, cloro o compuesto clorado, amonio cuaternario (Quats o QAC), compuestos fenólicos y ozono.

El desinfectante específico empleado para la limpieza de superficies es preciso dejarlo actuar un tiempo y aclararlo después. Para superficies muy sucias se empleará puro o en dosificación de 1:10, y para tratamientos diarios en proporción 1:140.

El abuso en el uso de desinfectantes está provocando que actualmente aparezcan bacterias resistentes, por lo que es preciso un control.

DESENGRASANTES: producto químico capaz de disolver y eliminar grasas.

Ejemplos: desengrasante específico, amoníaco, sosa. En general, productos alcalinos.

El desengrasante industrial se utilizará en dosificaciones de 1:50 para suciedades bajas, 1:5 medias y 1:2 fuertes.

DESINCRUSTANTES: producto químico que elimina incrustaciones, principalmente calcáreas.

Ejemplos: aguafuerte y en general productos ácidos.

El desengrasante industrial se empleará en dosis de 1:4 en sedimentos espesos y 1:10 en sedimentos ligeros.

EMULSIONANTES: producto capaz de disgregar un medio en otro.

Ejemplos:

- **Jabón**: compuesto de hidróxido de sodio (sosa cáustica) o de potasio (potasa), es decir, una base fuerte más un ácido graso. Es biodegradable y alcalino, forma espuma y su uso hoy en día es escaso.

- **Detergente**: es una sustancia tensioactiva y anfipática (estructura molecular que contiene dos propiedades, una hidrofílica —afinidad por el agua— y otra hidrofóbica —rechazo del agua—) que tiene la propiedad química de disolver la suciedad o las impurezas de un objeto sin corroerlo. El tensioactivo es el componente principal del detergente y permite romper la tensión superficial del agua para que el producto penetre en el material que hay que tratar. El detergente está compuesto además de coadyuvantes y aditivos. No deja residuos, tiene mayor eficacia que el jabón y menor coste.

C) Según reglamentación técnico-sanitaria

El Real Decreto 2816/1983, de 13 de octubre, aprobó la Reglamentación Técnico-Sanitaria para la elaboración, circulación y comercio de los detergentes y limpiadores. Dicha reglamentación presenta una clasificación no exhaustiva de los productos por el uso al que están destinados.

Cuadro 1.4. Clasificación de los detergentes y limpiadores según Reglamentación Técnico-Sanitaria.

A. PRODUCTOS PARA LAVADO DE VAJILLA.	1. Detergentes para el lavado a mano.
	2. Productos para lavado a máquina.
	3. Productos auxiliares para lavado a máquina (abrillantadores, sales).
B. PRODUCTOS PARA LAVADO DE ROPA.	1. Detergentes.
	2. Suavizantes.
	3. Productos para el prelavado.
	4. Aditivos (anticalcáreos, blanqueantes).
C. JABONES DE LAVAR.	
D. PRODUCTOS DE MANTENIMIENTO Y LIMPIEZA.	1. De uso general.
	2. Limpiacristales y multiusos.
	3. Limpiadores para sanitarios.
	4. Ceras y limpiadores para muebles y maderas.
	5. Abrillantadores y limpiadores para suelos duros.
	6. Productos para tejidos (quitamanchas, aprestos, limpiadores para tapicerías y alfombras y tintes.
	7. Limpiacalzados y limpiadores para cuero y pieles.
	8. Limpiadores para hornos, microondas, vitrocerámicas.
	9. Limpiametales y productos para el tratamiento de superficies metálicas.
	10. Quitagrasas.
	11. Desincrustantes y desatascadores.
	12. Productos para el cuidado y lavado de carrocerías, vehículos y otros elementos de transporte.

1.2. Productos específicos de limpieza en habitaciones y zonas comunes

Una vez conocidos los productos de limpieza y sus propiedades, y dada la gran diversidad que existe en el mercado, tenemos que elegir los más apropiados conforme al objetivo que queremos alcanzar, es decir, limpiar, desinfectar o abrillantar.

A continuación vamos a presentar un pequeño resumen ya que a lo largo de la unidad explicaremos detalladamente qué productos son los más adecuados para cada limpieza y cómo debe realizarse.

Cuadro 1.5. Productos específicos de limpieza según superficie que se va a tratar.

Superficie	Tipo producto
Baño y aseo	Detergentes líquidos amoniacados o clorados. Alcalinos en general. Desinfectantes específicos generales o para WC. Otros desinfectantes con amonio cuaternario en superficies carentes de materias orgánicas (puertas, pasamanos, etcétera).
Suelos impermeables	Detergentes de baja espuma. Pueden llevar incorporados abrillantadores y/o insecticidas.
Suelos madera	Detergente jabonoso especial maderas o limpiador mopa.
Cristales	Producto a base de alcohol.
MUEBLES DE MADERA	A diario, con gamuza o similar. Para lustrar, como se indica a continuación según revestimiento de la madera.
Muebles barnizados con goma laca	Aceites especiales o compuestos con cera.
Mueble lacado	Limpiador jabonoso.
Muebles barniz duro	Multiusos, limpiador jabonoso, producto especial muebles.
Muebles encerados	Aguarrás (limpiar) y cera (abrillantar y nutrir).
MUEBLES TAPIZADOS	A diario, aspirado o cepillado suave. Para limpiezas profundas, según código estándar de limpieza de tapizados que aparece en etiqueta: • W: Limpiadores en espuma a base de agua o champú para tapizados. • S: Disolvente suave. • W-S / S-W: Disolvente suave. • X: solo admite aspirado o cepillado suave.

Superficie	Tipo producto
Metales barnizados	Limpiador multiusos.
Metales sin tratar	Limpiametales específicos: plata, acero inoxidable, bronce, etcétera.
Aparatos eléctricos	Limpiador antiestático.
Moquetas, alfombras	Limpiamanchas o producto específico.

1.2.1. Análisis y evaluación de productos de limpieza. Rendimiento. Condiciones para su utilización

Para el análisis y evaluación de los productos de limpieza vamos a detallar cada uno de ellos en el cuadro que se acompaña indicando sus aplicaciones, usos, observaciones a tener en cuenta, dosificación recomendada, peligrosidad, etc.

Cuadro 1.6. Productos de limpieza, aplicaciones, uso y observaciones.

Producto	Aplicación. Uso. Observación
ACEITE PARA MUEBLES Tipo Politus®	Limpiar y nutrir maderas. Limpieza de mobiliario en general. Aplicar con un trapo, frotar hasta que quede seco y aspecto brillante.
ACETONA	Manchas de laca de uñas.
ACIDO OXÁLICO	Eliminar manchas de óxido de hierro. Se emplea también para neutralizar el exceso de alcalinidad de los detergentes. Para pequeñas manchas en ropa usar quitamanchas de óxido instantáneo tipo Ferrokit®.
AGUA OXIGENADA (peróxido de hidrógeno)	Eliminar manchas de sangre y tostado ligero de tejidos en plancha. Blanqueante en general, sustituto del cloro.
AGUAFUERTE (ácido clorhídrico) o salfumán	Eliminar incrustaciones calcáreas y otros minerales. Corrosivo y muy tóxico.
AGUARRÁS (esencia de trementina)	Gran disolvente de pinturas y barnices. Eliminar manchas de pintura y resina de coníferas. Hoy día se está sustituyendo por *white spirit* (gasolina blanca).

9

Producto	Aplicación. Uso. Observación
ALCOHOL ETÍLICO (96 % etanol)	Limpieza de cristales, espejos y metales con suciedad ligera. Limpieza y desinfección de teléfonos, interruptores, etc. Eliminar manchas de tinta de bolígrafo o yodo por inmersión. Inflamable. Antiséptico, bactericida y disolvente.
ALCOHOL METÍLICO (de quemar)	Disolvente. Limpieza de grasas y cristales. Suele dejar rastro de color azul. Inflamable.
ALCOHOL ISOPROPÍLICO (isopropanol)	Disolvente usado en limpieza, muy recomendable para elementos electrónicos, magnéticos u ópticos. También se usa como desinfectante. Es muy inflamable.
AMONÍACO (hidróxido de amonio)	Muy eficaz para manchas de grasa. Aplicar diluido para limpieza de cristales, azulejos y suelos. Limpieza de alfombras. Puede usarse como desinfectante aunque no es tan eficaz como el cloro u otros. Puede emplearse como decapante de muebles (cera, barniz). Daña las superficies enceradas o barnizadas. Irritante y corrosivo.
AMONIO CUATERNARIO	Desinfectante atóxico biodegradable. Tiene propiedad tensioactiva. Limpia y desinfecta. No es válido para desinfección de zonas de riesgo. Es efectivo contra hongos y bacterias pero no tanto ante virus y esporas. Posee desinfección residual. Es preciso dejar actuar al menos cinco minutos. Pierde efectividad en contacto con aguas duras, jabón y materias orgánicas. Usar con precaución en plásticos. Es incoloro, no irritante y desodorante.
BENZOL O BENCENO	Disolvente de ceras, grasas y gomas. Inflamable y tóxico.

Producto	Aplicación. Uso. Observación
BORAX (tetraborato de sodio)	Limpiador en polvo incoloro. Semialcalino, sustituto de la lejía, limpiadores en polvo, desinfectantes y quitamanchas. Mezclado con jabón sirve para blanquear y limpiar tejidos. Como desodorante aplicar con paño húmedo o disuelto en agua.
CAPTAPOLVO	Se usa directamente rociando la mopa o gasa. Compuesto de siliconas y disolventes. Recoge el polvo y elimina la carga electrostática.
CERA EN CREMA	Muebles de madera. Tapicerías de piel.
CERA EN PASTA	Muebles y suelos madera. Protector de mármol.
CERA EN POLVO	Limpieza y mantenimiento muebles madera.
CERA METALIZADA	Abrillantado de suelos duros (mármol, granito, baldosas artificiales, terrazo).
CERA PLÁSTICA (líquida)	Abrillantado de suelos duros o blandos (corcho, madera, sintéticos).
CRISTALIZADOR SUELOS	Cristalizar o vitrificar suelos duros. Solo se puede emplear en ciertas superficies.
CLORO	Antimicrobiano y fungicida. Muy efectivo para combatir la mayoría de los microorganismos, especialmente los virus. Es irritante.
DECAPANTE SUELOS ÁCIDO	Desincrustante de cementos y residuos calcáreos en superficies resistentes. Irritante.
DECAPANTE SUELOS ALCALINO	Decapante de ceras, recubrimientos autobrillantes, cristalizados y restos de suciedad en superficies lavables. Usar con precaución en maderas y linóleo. Las disoluciones serán de 1:2 o 1:4 según capas y es preciso dejar actuar. Irritante.
DESENGRASANTE ALCALINO	Producto específico para limpieza de suciedades muy difíciles y tenaces. Suelos, paredes , campanas de cocina, etcétera.
DESINCRUSTANTE WC	Elimina la suciedad, oxidaciones, cal y malos olores. Se emplea directamente en estado puro y requiere al menos diez minutos de contacto para ser efectivo. Irritante. Puede ser tóxico.

Producto	Aplicación. Uso. Observación
DETERGENTE-DESINFECTANTE	Limpieza de cuartos de baño o mobiliario y útiles de cocina. Puede contener cloro (deterlejía) o amoníaco.
DETERGENTE LÍQUIDO	Limpieza en general de superficies que no requieran un producto específico: vajilla, material diverso, cristales, etc.
DISOLVENTE UNIVERSAL	Limpieza de manchas de pintura al esmalte, lacas y barnices y manchas de pegamento «de contacto». Limpieza de utensilios de pintura. Irritante y tóxico.
GASOLINA REFINADA o BLANCA (white spirit)	Limpieza de manchas de pintura al esmalte, lacas y barnices. Limpieza de utensilios manchados con pintura al esmalte. Limpieza de brochas de zapatos (betún). Irritante e inflamable.
LAVICERAS	Limpiador-abrillantador de suelos duros.
LEJÍA (hipoclorito sódico)	Desinfectante, oxidante y blanqueante de tejidos o materiales resistentes. Activa frente a todos los microorganismos. Tiene una caducidad corta. Desinfecta mientras actúa y no tiene poder residual. Se inactiva cuando entra en contacto con residuos orgánicos. Fungicida, bactericida y virucida. Daña los suelos y actúa como corrosivo ante los metales. Emplear en disoluciones de 1:10 para superficies manchadas de sangre o excrementos, y de 1:25 a 1:50 (dependiendo de la concentración de lejía) para limpiezas normales. La lejía se presenta en distintas concentraciones; las de uso doméstico suelen ser de 30 a 40 gramos por litro de preparado. Irritante y nociva.
LIMPIACRISTALES	Compuesto líquido a base de amoníaco o alcohol. Limpieza de cristales, espejos, teléfonos, interruptores, azulejos, etc. Se usa directamente sin diluir.
LIMPIADOR JABONOSO MADERA	Limpiador específico para limpieza de superficies de maderas (muebles, puertas, suelos). Uso directo: limpieza en profundidad (necesita aclarado). Diluido: limpieza de suelos.
LIMPIAMETALES y DORADOS	Limpieza de metales como latón, cobre o bronce. Limpia y protege contra la corrosión.
LIMPIAMOQUETAS y TAPICERÍAS	En espuma seca para limpieza de manchas localizadas. Para máquinas rotativas (neutro), champuneado y máquinas de inyección-extracción.

Producto	Aplicación. Uso. Observación
LIMPIAMUEBLES	Producto neutro que contiene ceras, disolventes, abrillantadores y antipolvo.
LIMPIAPLATA	Líquido: para aquellos objetos que se puedan sumergir en el líquido y material de uso alimentario (cubertería, jarras, etcétera). Pasta o algodón: para objetos decorativos. Irritante.
LÍQUIDO MOPAS	Para mantenimiento de suelos encerados y/o cristalizados. Antiestático.
OXÍGENO ACTIVO	Desinfectante compuesto de tensioactivos no iónicos y blanqueantes oxigenados. Se puede emplear en superficies como mármol, gres, granito, plásticos, PVC, cromados, formica, etc. En superficies porosas es preciso aclarar y secar. Usar directamente o diluido. Precisa dejar tiempo de acción. Es un producto muy usado por sus ventajas frente a la lejía.
PERBORATO SÓDICO	Blanqueante de ropa.
PERCLOROETILENO (PER)	Quitamanchas disolvente (grasa). Muy usado en limpieza en seco. Volátil y tóxico.
QUITATINTAS	Producto alcalino específico para eliminar tinta y grasas. Se usa en estado puro.
REPARADOR MUEBLES	Producto específico para reparar y disimular desperfectos en el tinte o barniz de los muebles de madera. Usar varios tonos. Nombre comercial: O-Cedar® o Politus®.
SELLADOR	Emulsión acrílica para el sellado de suelos porosos. Evita ensuciamientos por absorción y es apropiado para tratamientos previos de encerado de superficies muy porosas.
SOSA CÁUSTICA (hidróxido de sodio)	En escamas o polvo. Desatascador de tuberías. Decapante de pintura o barniz. Elaboración jabones. Elimina suciedad fuerte no mineral. Muy corrosiva y tóxica, mucho cuidado en su manipulación.
TALCO (polvos)	Absorbente de manchas de grasa.
TIOSULFATO SÓDICO	Eliminar manchas de desteñido en la ropa.

Producto	Aplicación. Uso. Observación
TRICLOROETILENO (TCE)	Quitamanchas disolvente (grasa). Muy usado en limpieza en seco. Volátil y tóxico.
VINAGRE BLANCO (específico para limpieza)	Limpieza de suelos de parqué. Fijar tintes y avivar colores en alfombras. Como suavizante. Limpieza de planchas de cafeterías. No confundir con vinagre de vino blanco. Se puede usar directamente o diluido.

Dosificación de los productos de limpieza

Para el uso adecuado de los productos de limpieza es necesario conocer la dosificación, es decir, la cantidad de producto que debemos emplear y su proporción respecto a la de agua. Para ello, tendremos en cuenta las recomendaciones que aparecen en las etiquetas del producto.

Una dosificación inferior a la recomendada requiere un mayor uso de acción mecánica o aumento de la temperatura.

Una dosificación excesiva hace que desperdiciemos el producto. Además, vamos a requerir más aclarados y en ocasiones quedan restos o manchas lo que nos hace perder tiempo.

La proporción del producto viene indicada en la etiqueta de tres formas:

1. Como división: ejemplo 1:4. Es decir una parte de producto y tres de agua.

2. Como fracción: ejemplo 1/4. Una parte de producto y tres de agua.

3. Como porcentaje: ejemplo 25 %. En este caso, para calcular la cantidad de agua restamos a 100 (total) la cantidad de producto que en este caso es 25 y nos da como resultado 75. Dividiremos 75 entre 25 dándonos como resultado 3. Lo que es lo mismo a una parte de producto y tres de agua, equivalente a una parte de producto en cuatro de dilución.

Rendimiento

Con el fin de controlar el consumo correcto de los productos de limpieza es preciso conocer su rendimiento. Para ello es conveniente realizar un estudio y establecer los metros cuadrados que podemos limpiar con un litro de producto según dosificación recomendada o establecida.

A modo de ejemplo citaremos los más usuales. La dosificación podría variar según el fabricante.

Cuadro 1.7. Rendimiento aproximado de productos de limpieza más usuales.

Producto	Cantidad	Dosificación	Rendimiento
Detergente neutro	1 litro	2%	600 m^2
		4%	300 m^2
Detergente desinfectante	1 litro	1%	1200 m^2
Atrapapolvo	1 litro	100%	De 1000 a 800 m^2
Limpiacristales	1 litro	100%	800^2

Normas generales en la utilización de productos de limpieza

Para la utilización correcta de los productos de limpieza y prevenir los posibles riesgos derivados de un uso o manipulación incorrectos es obligatorio tener en cuenta las siguientes normas:

1. Antes de utilizar, leer bien las instrucciones de uso.

2. Comprobar que tanto el soporte que vamos a emplear en la limpieza como la superficie que vamos a limpiar no son vulnerables al producto que queremos aplicar.

3. Agitar o remover antes de usar.

4. Respetar las dosificaciones.

5. Usar equipos de protección individual (EPI) si es preciso; guantes, mascarilla, etcétera.

6. No mezclar productos ácidos con alcalinos, al neutralizarse desprenden gases tóxicos.

7. No mezclar productos clorados con amoniacados, o lejía con amoníaco, desprenden gases tóxicos.

8. Cuidado con productos inflamables, usar fuera de una fuente de calor.

9. Ventilar bien la zona de trabajo.

10. Mantener los envases tapados y debidamente identificados.

11. No usar envases de un producto para otro distinto, ni envases que no sean los originales; por ejemplo: botella de agua con lejía.

12. No abrir con la boca ningún producto y mucho menos si contiene pictogramas de peligro.

13. No coma ni beba cuando maneje productos de limpieza.

14. No pulverice insecticidas ni plaguicidas cerca de alimentos o de útiles y superficies de cocina.

15. Desechar cuidadosamente respetando las normas.

16. Cuidado en su almacenado y en el posible volcado que se pueda producir.

1.2.2. Riesgos: identificación, causas más comunes y prevención

Lo primero que debemos conocer sobre los posibles riesgos en la manipulación de los productos de limpieza es la información que aparece en las etiquetas.

Etiquetado de los productos de limpieza

Toda etiqueta tiene que tener la siguiente información:

1. Denominación de la sustancia o nombre común y/o número de identificación.

2. Concentración de la sustancia en su caso.

3. Nombre y dirección del fabricante o suministrador.

4. Pictogramas de peligro.

5. Riesgos específicos: frases R-frases H.

   Este punto se refiere a los riesgos que pueden presentar para la salud algunos productos químicos. Existen 121 frases R normalizadas. El nuevo reglamento CLP (clasificación, etiquetado y envasado de sustancias y preparados químicos) de la CE (2008) ha sustituido las frases R por frases H (peligroso-*hazardous*).

   Ejemplos comparativa frases R-frases H:

   • Inflamable (R10)-NHCP.

   • Tóxico por inhalación (R23)-H331.

   • Irrita los ojos y la piel (R36/38)-H319/H315.

   • En contacto con ácidos libera gases tóxicos (R32)-EUH032.

6. Consejos de prudencia: frases S-frases P

A través de consejos de prudencia se establecen medidas preventivas para la manipulación y utilización de la sustancia. Existen 79 frases S normalizadas. El nuevo reglamento CLP (UE) ha sustituido las frases S por frases P (prudencia).

Ejemplos comparativa frases S-frases P:

- Manténgase fuera del alcance de los niños (S2)-P102.

- Manténgase lejos del calor (S15)-P210.

- Evítese el contacto con los ojos y la piel (S24/25)-P262.

Riesgos. Pictogramas de peligrosidad

En toda etiqueta de un producto de limpieza debe aparecer el pictograma de peligrosidad correspondiente.

Un pictograma de peligro sirve para transmitir información sobre el producto mediante gráficos, contornos y colores.

Los nuevos pictogramas informan y advierten a los consumidores sobre los peligros asociados a las sustancias o mezclas que componen cada producto. Estos peligros se clasifican en:

a) Peligros físicos.

b) Peligros para la salud humana.

c) Peligros para el medio ambiente.

El actual Reglamento (CE) n.º 1272/2008 implanta un nuevo sistema de clasificación de la peligrosidad de las sustancias y las mezclas, y además establece nuevas clases y categorías de peligro, uso de palabras de advertencia, indicaciones de peligro y una simbología común de peligros en productos químicos introduciendo **nueve pictogramas de peligro** distintos a los existentes con anterioridad. El reglamento entró en vigor en 2009, y en él se establecen disposiciones transitorias que aplazan el cumplimiento de determinadas reglas hasta de junio de 2017; por ello actualmente podemos encontrar en el mercado dos tipos de etiquetado: el anterior y el posterior a 2009.

Los nuevos pictogramas tienen la forma de un cuadrado apoyado sobre un vértice con un marco en color rojo, figura negra y fondo blanco.

Figura 1.3. Pictogramas de peligrosidad según Reglamento (CE) n.º 1272/20083.

Según la Figura 1.3. y numerando de izquierda a derecha, vamos a explicar el significado de los pictogramas de peligro.

1. **Peligroso para el medio ambiente**. Este pictograma nos advierte de que el producto puede dañar el medio ambiente acuático y/o la capa de ozono. Se corresponde con el anterior de *producto peligroso para el medio ambiente*.

2. **Peligro para la salud (silueta humana)**. Esta simbología nos advierte de los daños que le puede ocasionar a nuestra salud la sustancia o la mezcla que contiene el producto. Los productos que contienen este pictograma pueden ser cancerígenos, mutágenos, tóxicos para la reproducción, causar efectos graves sobre los pulmones, modificar el funcionamiento del sistema nervioso o el hígado y/o provocar alergias, asma o dificultades respiratorias. Este pictograma, con una simbología totalmente nueva, nos avisa de que se trata de productos tóxicos o muy tóxicos, ya sea por inhalación, ingestión o por contacto con la piel. Irá acompañado de la palabra «PELIGRO». Este pictograma es nuevo y sustituye a los anteriores relativos a *producto* tóxico o *producto nocivo o irritante*.

3. **La calavera sobre dos tibias** cruzadas indica que el producto es peligroso para la salud y puede producir efectos adversos, incluso en pequeñas dosis, como náuseas, vómitos, dolores de cabeza, pérdidas de conocimiento y en algunos casos la muerte. Este pictograma se corresponde con el anterior de *producto tóxico* también representado con una calavera sobre dos tibias.

4. **El signo de exclamación** indica que el producto puede producir efectos adversos en dosis altas. También puede producir irritación en ojos, garganta, nariz y piel. Provoca alergias cutáneas, somnolencia y vértigo. Irá acompañado de la palabra «ATENCIÓN». Sustituye al anterior pictograma de *producto nocivo o irritante*.

5. **La llama** indica que el producto puede inflamarse en contacto con fuentes de calor o por efecto del calor o fricción. También puede indicar que el producto se inflama espontáneamente en contacto con el aire o que, en contacto con el agua, pueden liberarse gases inflamables. Se corresponde con los anteriores pictogramas de *fácilmente inflamable*.

6. **La bomba de gas** corresponde a productos que contienen gases a presión en un recipiente. Algunos pueden explotar en caso de calentamiento. Son gases comprimidos, licuados o disueltos. Los licuados refrigerados pueden producir quemaduras o heridas (quemaduras o heridas criogénicas). No se corresponde con ningún pictograma anterior ya que es nuevo.

7. **La bomba explosionando** indica el peligro de explosión en caso de calentamiento. Nos advierte de que el producto es explosivo y puede producir accidentes o poner en peligro nuestra seguridad. Corresponde al anterior pictograma *producto explosivo*.

8. **La corrosión** nos informa de que el producto puede causar daños irreversibles en los ojos o piel en caso de contacto o proyección. También de que el producto es corrosivo y por lo tanto puede atacar o destruir metales. Se corresponde con el anterior pictograma *producto corrosivo*.

9. **La llama sobre un círculo** indica que el producto puede provocar o agravar un incendio o una explosión en presencia de materiales combustibles. Se corresponde con el anterior pictograma *producto comburente*.

Pictogramas antes de 2009

Vamos a mencionar los pictogramas anteriores a la nueva normativa europea, ya que hasta junio del 2017 podemos encontrarlos en algún envase. Su correspondencia con los nuevos ya ha sido explicada en el punto anterior.

Figura 1.4. Pictogramas peligrosidad anterioires a 2009.

Según la Figura 1.4. y de izquierda a derecha los pictogramas son los siguientes:

1. F. Fácilmente inflamable.

2. N. Peligro para el medio ambiente.

3. C. Corrosivo.

4. E. Explosivo.

5. O. Comburente.

6. T. Tóxico.

7. Xi Irritante. Xn. Nocivo.

Concluyendo, vamos a hacer un resumen-esquema de los productos de limpieza clasificados por el riesgo o peligrosidad que suponen.

Cuadro 1.8. Riesgos específicos de los productos limpieza.

CORROSIVOS El producto puede atacar o destruir metales y causar daños irreversibles a la piel, ojos u otros tejidos vivos, en caso de contacto o proyección.	Ácidos Aguafuerte Sosa cáustica Desatascadores tuberías Desincrustantes Decapantes Productos lavavajillas para máquina en húmedo
IRRITANTE-NOCIVO Estos productos producen efectos adversos en dosis altas. También pueden producir irritación en ojos, garganta, nariz y piel. Provocan alergias cutáneas, somnolencia y vértigo.	Lejía Amoníaco Esencia trementina Decapante suelos alcalino Disolvente universal Gasolina refinada Limpiaplata
TÓXICOS Producen efectos adversos para la salud, incluso en pequeñas dosis. Pueden provocar náuseas, vómitos, dolores de cabeza, pérdida de conocimiento e incluso la muerte.	Aerosoles Aguafuerte Sosa cáustica Disolvente universal
INFLAMABLES	Alcohol Gasolina refinada
PELIGROSO PARA LA SALUD Cancerígenos, mutágenos, teratógenos, sistémicos.	Aerosoles Gases Disolvente universal
PELIGRO EXPLOSIÓN POR GAS A PRESIÓN	Aerosoles Gases

1.3. Equipos, maquinaria, útiles y herramientas. Descripción y aplicaciones. Limpieza y mantenimiento de uso. Normas de seguridad en su utilización

Los equipos de limpieza están compuestos por maquinaria, útiles y herramientas y productos de limpieza.

Para evitar contaminaciones cruzadas en la limpieza de superficies es imprescindible el uso de material distinto. Así, por ejemplo, no emplearemos la misma bayeta o cubo para limpiar un inodoro y después un lavabo. La mejor opción para evitar errores y malas prácticas es usar los colores.

La normativa actual exige la creación de un **código de colores** para las limpiezas comerciales, pero no determina un estándar de colores definido. La costumbre ha venido determinando el uso estándar de algunos colores, como por ejemplo el rojo para zonas de alto riesgo bacteriológico y el verde para zonas de tratamiento de alimentos.

A continuación, vamos a determinar un estándar de colores en el uso de bayetas y cubos utilizados en la limpieza que podría variar según la norma establecida por la empresa.

- VERDE: paramentos (pared, zócalo, marcos, ventanas, etcétera).

- AMARILLO: sanitarios (lavabo, baño, ducha), espejos, cristales.

- ROJO: WC, urinario y bidé. Zona de alta concentración bacteriológica.

- AZUL: mobiliario de oficina, plásticos (TV, ordenador, pantalla, etcétera).

- BLANCO: muebles en general, cuero, etcétera.

En la limpieza de suelos empleando el sistema de doble cubo, el azul se utilizará para depositar el detergente-desinfectante y el rojo para los aclarados solo con agua.

Una vez explicado el código de colores, comenzaremos hablando de los ÚTILES Y HERRAMIENTAS DE LIMPIEZA; para ello, analizaremos el siguiente cuadro donde exponemos los útiles y herramientas, su descripción, tipos y aplicaciones.

Cuadro 1.9 . Útiles y herramientas de limpieza.

Material	Tipos	Características y uso
BAYETAS	FIBRA NATURAL (algodón)	• Rejilla de algodón. Para limpieza de barra de bar, mesa de terraza y planchas. • Punto de algodón en rollo, para cortar según uso. • Muletón de algodón blanco para suelos. En desuso. • Gamuza de algodón para polvo, metales o madera. Tiende a desaparecer. • Rollos de algodón en tejido de punto. Cortar según proceda.
	FIBRA ARTIFICIAL (poliéster o poliamida)	• Microfibra («ecológica») de poliéster 80% y poliamida 20%: para todo tipo de limpiezas en seco, húmedo o mojado. Con tratamiento antiestático. Muy resistente. • Clases: — Pelo corto: para cristales y suciedades incrustadas. — Pelo medio: multiusos. — WW *(waffle weave)*: extra absorbentes. Para secar. • Absorbente: para cocinas. • Cristales: con recubrimiento de látex. Absorbente. • Multiusos (tejida): de varios colores según uso. • De celulosa no tejida: de uso único, desechable. • De tela sin tejer: gran poder de absorción, no deja pelusa, es más resistente.
BOLSAS	BASURA	Plástico. De varios tamaños y colores según tratamiento y reciclado de basura. Mayor o menor resistencia según su traslado o soporte.
	ASPIRADOR	Según marca comercial. Pueden ser de papel o fibra.

Material	Tipos	Características y uso
CEPILLOS	BARRER	• De cerda natural. Muy suave. Para suelos de madera. En desuso. • De cerda plástica. Diversos grados de dureza según uso. • De goma. No adecuados para suelos rugosos o irregulares. Levantan menos polvo que las anteriores. Uso en crecimiento.
	MANO	De plástico o raíz vegetal. Para acciones mecánicas que precisen frotado fuerte.
CONTENEDORES	DE PLÁSTICO	Para transporte de material húmedo.
CUBOS	DE BASURA	Diferentes tamaños y colores según clasificación de la basura. Con tapa. Hoy día aumenta el uso de bolsa soportada en carro.
	DE FREGONA	• Con escurridor extraíble: de unos 10 litros de capacidad. Redondo, cuadrado o ergonómico. • Con ruedas y escurridor mecánico o de prensa. De mayor capacidad. • Duo-Mop o doble *tank*. Doble cubo formado por uno azul normal y uno rojo con prensa adosado.
	DE LIMPIEZA	Redondos o cuadrados. De 5 a 25 litros. Usos diversos. De varios colores según uso.
ESCALERAS	DE PELDAÑO	Especie de banqueta de 3 o 4 peldaños. Para pequeñas alturas.
	DE MANO	De mayor tamaño, preferiblemente tipo tijera y de aluminio.
ESCOBAS	DE PALMA	Para exteriores, barrido del jardín, piedra, etc. En desuso.
	DE MIJO	Para exteriores, barrido y recogida de residuos en alfombra y/o moqueta. Para eliminar borra en moquetas y alfombras nuevas.
ESCOBILLA	DE PLÁSTICO	• Para WC: púas de plástico ondulado con mango. Existen modelos anatómicos, doble escobilla, etc. • Diversos modelos y tamaños de plástico ondulado y mango más o menos largo. Para limpiezas de difícil acceso: botellas, recipientes, esquinas, radiadores, etc.

Material	Tipos	Características y uso
ESPÁTULAS	DE HOJA FIJA	Metálica y con mango de madera o plástico. De tamaño pequeño. Para retirar restos sólidos (chicle, pintura, masilla, etc.) adheridos en superficies duras.
	DE CUCHILLA	Metálica y con mango de madera o plástico. Más grande que la anterior. Para decapar superficies, pinturas, limpieza de planchas, etcétera.
ESTROPAJOS	METÁLICOS	• De níquel o acero inoxidable («nanas»): limpieza cocinas, planchas, fogones, baterías, etc. Abrasivo. • Lana de acero: para cristalizado de suelos y usos varios. Abrasivo.
	DE FIBRA NATURAL	Esparto. Menos abrasivo que el resto. En desuso.
	DE FIBRA ARTIFICIAL	• Blanco: especial baños, menos abrasivo. • Verde: para cocinas. Abrasivo. • Negro o marrón: especial fogones. Muy abrasivo. • Azul: especial cristalería. Muy suave. • Mixto: con esponja. Usos varios.
	OTROS	• Malla de plástico, sola o con esponja. Usos varios. • Fibra plástica con relleno esponja. Usos varios.
FISELINA	DE CELULOSA O NAILON	Para proteger el recambio de la mopa. Es más económica que la gasa. Las de celulosa se tiran, no se lavan. Las de nailon se pueden lavar y reutilizar.
FREGONA o MOCHO	DE FLECOS DE HEBRA	De algodón, muy absorbente. Vulnerable a la lejía y humedad. De 150 a 250 g de gramaje.
	DE TIRAS	De fibra sintética (tejido no tejido). De mayor o menor número de tiras y más o menos largas según aplicaciones. Mocho redondo o plano.
	SIN FLECOS (industrial)	Tipo mopa plana en tejido muy absorbente. Para cubos con prensa.

Material	Tipos	Características y uso
GASA	DE ALGODÓN	Para proteger los recambios de la mopa. Se puede lavar.
GUANTES	DE GOMA LARGOS	Hasta el codo. Muy resistentes. Para manipular productos muy corrosivos o irritantes, limpieza batería cocina, etc. De PVC, nitrilo, etc.
	DE GOMA NORMALES	• Según material: de látex natural (limpiezas riesgo mínimo). De PVC, nitrilo o neopreno (limpiezas fuertes), tienen mayor resistencia a las grasas y productos fuertes o agentes solventes. • Terminación interior: flocado (revestido interiormente de algodón) o satinado (liso). • Terminación exterior: liso o rugoso en palma y dedos. • Antialérgico.
	OTROS	• De vinilo, látex o polietileno desechables, con polvo o sin él. • De algodón. Para proteger las manos en las limpiezas con o sin guantes de goma o la manipulación de ropa.
HARAGANES	DE ALUMINIO	• De agua o secador de pisos: soporte terminado en goma y con palo articulado, usado para recoger agua de grandes superficies. • Para cristales: soporte con goma igual al limpiacristales.
LIMPIACRISTALES o RAQUETA		Mango de aluminio o acero inoxidable terminado en goma (guía-labio). De diversos tamaños. Puede llevar incorporado mojador (esponja).
MOJADOR		Tubo de aluminio con mango de plástico al que se le incorpora una funda. Para lavar cristales.
MOPAS	DE ALGODÓN O MICROFIBRA CON POLIÉSTER	• De flecos. De diversos tamaños. Limpieza en seco o húmedo y acabados (cera). Conviene usar con gasa o fiselina. • De forma trapezoidal para soporte flotante. Siempre se usa con gasa o fiselina. Emplear únicamente en superficies lisas y brillantes.

Material	Tipos	Características y uso
PALOS O MANGOS	DE ALUMINIO, HIERRO FORJADO, PLÁSTICO, MADERA	Para cepillos de barrer o techos, fregonas, mopas, plumeros, etc. Normales, ergonómicos o telescópicos. La medida ideal suele ser de 135 a 145 centímetros.
PLUMEROS	DE PLUMA NATURAL (AVESTRUZ) DE FIBRA	• De pluma: para limpieza de objetos delicados. • De fibra atrapapolvo: para techos, paredes, altos. • Limpiatechos de fibra. Cepillo en forma triangular.
RASCAVIDRIOS		• Para suelos con mango largo. • Normal con mango corto. • De seguridad.
RECOGEDORES	METÁLICO	• Con mango largo y tapa accionable. • Con mango largo y contenedor basculante.
	PLÁSTICO	• Tipo pala (asa corta). • Con mango largo. • Con cepillo.
SOPORTE O BASTIDOR.	DE ALUMINIO, ACERO INOXIDABLE O PLÁSTICO	• Con palo articulado para colocar mopa o aplicador de cera. De diversos tamaños. También llamado portamopas. • Flotante, de forma trapezoidal con esponja para adaptarse a las superficies.
TRIÁNGULO SEGURIDAD	PLÁSTICO	Triángulo plegable de color amarillo con señal de «Precaución suelo mojado».

Dentro de los útiles incluimos el carro de limpieza. El carro es una herramienta indispensable para el personal de limpieza. Además de ahorrar tiempo en los desplazamientos, permite llevar de una sola vez y de manera ordenada y pulcra todo el material preciso para realizar el trabajo.

Existe diversidad de modelos en el mercado más o menos parecidos. En general, todos cuentan con soporte de lona para bolsa de basura, bandejas o estantes para colocar el material, soporte bajo para cubos, apliques para cepillos, fregonas, etcétera.

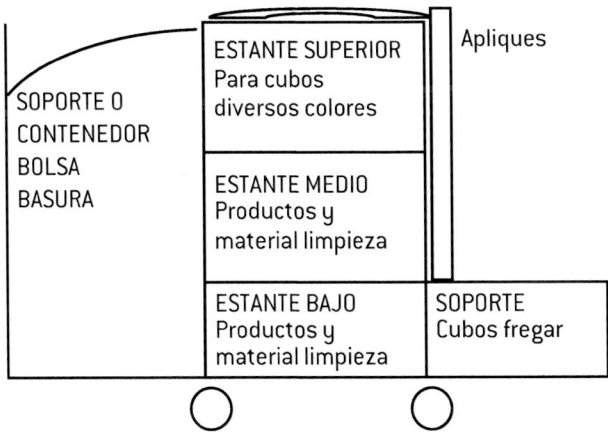

Figura 1.5. Estructura del carro de limpieza.

La utilización de **MAQUINARIA** aumenta la rentabilidad, ya que facilita el trabajo reduciendo en muchos casos el tiempo en realizar un proceso. En ocasiones el montaje, traslado y puesta en marcha de una máquina requiere un tiempo que puede ser no rentable si el área o superficie que se va a limpiar es de reducido tamaño, como por ejemplo limpieza de una alfombra, una mampara, una cristalera, etc. En estos casos, es preciso organizar bien el trabajo y rentabilizar el proceso planificando limpiezas generales.

Los requisitos que tienen que reunir las máquinas para ser operativas son los siguientes:

1. Fácil de manejar.

2. Fácil de transportar.

3. Fácil almacenaje (dimensiones y forma adecuada).

4. Fácil de mantener y limpiar.

5. Ergonómicas.

6. Tener autonomía suficiente.

7. Poco ruidosas.

A la hora de elegir el tipo de máquina y sistema que se va a emplear en la limpieza de moquetas, alfombras, tapicería, superficies, suelos, etc., tenemos que tener en cuenta lo siguiente:

1.º Volumen de limpieza.

2.º Posibilidad de bloqueo de zonas o habitaciones para la realización de limpiezas profundas o profesionales.

3.º Calidad del material que se va a tratar.

4.º Persona que realizará la limpieza. En ocasiones es precisa la intervención de personal especializado.

Analizando los puntos anteriores, podemos optar por:

1. Alquiler de la maquinaria. Dependiendo del volumen de trabajo y del aprovechamiento que podamos obtener de una máquina, en muchas ocasiones es más rentable el alquiler puntual que su adquisición.

2. Externalizar el servicio de limpieza de ciertas áreas o materiales.

3. Compra de maquinaria que empleará todo el personal o personal especializado, como es el caso de la limpieza de moquetas, alfombras y tapicería.

A continuación, expondremos la maquinaria habitual empleada en limpieza:

Aspirador

Un aspirador es un dispositivo que utiliza una bomba de aire para aspirar el polvo y otras partículas pequeñas de suciedad, generalmente del suelo, y que se depositan en una bolsa o recipiente para su posterior evacuado.

Su utilización es imprescindible para mejorar la calidad de limpieza tanto en suelos enmoquetados, de madera o gres como cualquier superficie de difícil acceso propensa a la acumulación de polvo o grandes superficies revestidas o compuestas de tejido (alfombras, sillones, sillas, cortinas, etcétera).

Existen modelos de *aspiración central o integrada,* cuyo motor principal se encuentra en un punto determinado, generalmente sótanos. El depósito está conectado a las tomas de aspiración mediante una canalización. Las tomas de aspiración se encuentran distribuidas por pasillos, habitaciones, salas, etc. Para su uso simplemente conectaremos la manguera a la toma y mediante un dispositivo situado en el mango activaremos la succión. El inconveniente de este sistema es el elevado coste (unos 19 000 € para un hotel de 50 habitaciones) y su instalación (canalización).

En limpiezas profesionales es imprescindible el empleo de aspiradores industriales o semiindustriales.

Clases de aspiradores

1. De polvo y agua: aspira polvo y recoge líquidos.

2. De líquidos o en húmedo: exclusiva para recoger líquidos.

3. De polvo o en seco: aspira suciedad seca. Existen modelos especiales que retienen hasta un 98% de partículas de polvo, ya que tienen cuatro etapas de filtrado con dos filtros HEPA, uno de poliéster y uno tipo bolsa de papel, muy empleados en hospitales. El contenedor de residuos puede ser de bolsa o agua.

4. De espalda o mochila: de fácil manejo. Para acceder a puntos altos y de difícil acceso.

5. Cepilladoras o batidoras industriales: tienen dos motores, uno para mover el cepillo giratorio que desprende el polvo y otro para succionar el aire hacia la bolsa. Las hay de timón y de manillar.

Componentes básicos del aspirador

a) Relacionados con la corriente eléctrica:

1. De contacto con la red:

   - **Clavija macho**: de material flexible, con buena sujeción de los cables. Llevará prensacables resistente a los tirones y salvacables para evitar torsiones. Se recomienda enchufe recto en lugar de acodado.

   - **Cable de alimentación**: tiene que ser flexible, fácilmente enrollable y no adquirir deformaciones o vicios. La longitud recomendable es de 10 a 12 metros. El grosor dependerá del consumo eléctrico (0,75 a 2,5 milímetros cuadrados de sección). El tipo de aislamiento también dependerá del tipo de aspirador, pero tendrá conexión a tierra.

2. De funcionamiento:

   - **Interruptor**: estará colocado en un lugar que nos permita accionar el aparato con facilidad. En el caso de aspiradores verticales, el interruptor está ubicado en la empuñadura, y en aspiradores horizontales, en la carcasa exterior de fácil acceso para accionar con el pie. El aspirador de líquidos tiene dos interruptores, el encendido en posición baja y el apagado en la superior, y siempre protegidos por fundas plásticas transparentes.

   - **Cable de alimentación**.

   - **Conexiones a los accesorios**: tubos que conectan las boquillas con el motor.

b) Mecánicos.

   - **Motor:** es el responsable de crear el flujo de aire que absorbe el polvo, residuos y líquidos. Está compuesto de hélices (motores *by-pass*), rodamientos, inducido, inductora, escobillas, antiparásitos, térmicos salvamotores, turbinas y soportes.

- **Cabezal**: son las carcasas que protegen el motor y los elementos de insonorización. Consta de asa, tapa, carcasas de capuchón, de fijación y base; insonorización y soporte de filtro.

c) Para el transporte.

- **Ruedas** o base soporte de ruedas.

d) De aspiración:

- **Filtros**: retienen las partículas de suciedad y protegen el motor. Existen varios tipos:

  a) HEPA o de alta eficiencia: retienen hasta un 99,97% de las partículas iguales o mayores a 0,3 micras de diámetro.

  b) ULPA: se usan en aspirados con una baja cantidad de partículas. Retienen el 99,99% de partículas de 0,12 micras de diámetro.

  c) Comunes: retienen el 90 o 95% de partículas iguales o mayores a 0,7 micras de diámetro.

  Los filtros pueden ser de fibras textiles (algodón o poliéster) o de papel. Los de papel se tiran cuando están llenos, los de fibra se pueden limpiar (no lavar) cepillando o aspirando. Los HEPA y ULPA tiene forma de cartucho tipo acordeón de fibras sintéticas y cartones, y son totalmente desechables.

- **Manguera**: une el tanque con los accesorios. Su diámetro depende de la potencia del aspirador y suele ser de 32 a 38 milímetros. La longitud recomendada oscila de 2,5 a 3 metros.

- **Cubeta de recogida**: es el tanque donde se depositan los residuos. Su capacidad varía de 10 a 100 litros (profesional). Puede ser de fibra, acero inoxidable o hierro pintado.

- **Bolsa de papel o algodón.**

- **Accesorios:**

  a) Tubos:

     — Prolongador: para aspirar techos o paredes.

     — Recto para regular la altura apropiada.

— Curvado con regulador de aire: va insertado a la manquera y regula la potencia de aspiración mediante el regulador que tiene forma de ventanita corredera.

b) Boquillas:

— Turbo con aspiración: lleva incorporado un cepillo batidor que se mueve por la corriente de aire. Su efectividad es escasa, ya que los pelos y e hilos se enrollan formando madejas difíciles de deshacer obstruyendo la entrada de aire.

— Batidora eléctrica: lleva cepillo batidor que se acciona mediante un motor independiente. Tiene los mismos inconvenientes que el anterior.

— Agua: tiene unos labios de goma similares a los haraganes manuales.

— Con ruedas: facilita la regulación de altura de los accesorios (pelo o goma).

— Plana: para rincones.

— Redonda: para cortinas y superficies delicadas de pelo largo.

— Tapicerías: con o sin cerdas.

— Curva o banana: para conductos de tuberías en altura.

— Rectangular con cerdas o cepillo: para suelos planos.

— Rectangular sin cerdas: para alfombras.

— Combi de dos posiciones: mediante una pestaña podemos accionar las cerdas o dejarla lisa.

Elección de las características del aspirador

a) Por un lado, tendremos en cuenta los espacios y la amplitud de movimiento, y por otro, el tamaño de la superficie que se va a limpiar y el tiempo con el que contamos.

b) Comprobar que cumple la normativa actual de eficiencia energética y etiquetado.

c) En el caso de aspiradores de polvo, para aspirar 150 metros nos bastará un aspirador de 6 a 10 litros de contenedor y 850 vatios de motor. De 150 a 250 metros cuadrados, será preciso un contenedor de 10 a 15 litros (tamaño medio) y una potencia de 1000 vatios. Para aspirar superficies superiores a 250 metros cuadrados de una sola vez, elegiremos aspiradores con guardador térmico que avise de los calentamientos.

d) Para aspiradores de agua, el depósito tendrá una capacidad mínima de 25 litros.

e) En el caso de aspiradora-cepilladora, para aspirar 100 metros cuadrados con una boquilla de 25 centímetros, se tarda unos 20 minutos, mientras que con una boquilla de 75 centímetros tardaríamos 5 minutos. La media de aspiración está estipulada en 200 metros cúbicos por hora en las de timón y 300 metros cúbicos para las de manillar.

El manejo de estas máquinas es muy sencillo. Simplemente elegiremos la boquilla adecuada, la cual uniremos a los tubos, conectaremos a la red, accionaremos el interruptor y realizaremos pasadas como se explica en el procedimiento de aspirado del apartado aplicación de técnicas de limpieza de la Unidad 2.

Mantenimiento del aspirador

En general, para el cuidado y manejo de cualquier maquinaria de limpieza es preciso mantener las siguientes precauciones:

a) Usar enchufe de potencia adecuada con toma de tierra.

b) El cable se encontrará en buenas condiciones sin cortes, empalmes permeables, rozaduras, etcétera.

c) No accionar el interruptor con las manos mojadas. Si tiene protección plástica controlar su estado.

d) Dejar recogidos los cables limpios y sin deterioros.

e) Siempre que realicemos operaciones de mantenimiento desconectaremos la máquina.

1. Mantenimiento del motor: vigilar su buena ventilación. Si vemos que está forzado, es posible que se encuentre sucio, que los filtros estén sucios o la bolsa llena.

2. Mantenimiento diario: comprobar tubos y boquillas, limpieza de filtros y llenado de bolsas.

3. Mantenimiento periódico: comprobar todos los componentes.

Barredora

Máquina empleada para la limpieza de grandes superficies tanto interiores como exteriores. Permite recoger residuos o desechos de mayor o menor tamaño (hojas, arena, escombros, etc.). Hay modelos con propulsión mecánica o autopropulsada.

Existe la llamada *escoba eléctrica*, muy manejable, de dimensiones más pequeñas que una máquina barredora. Se usa para barridos de pequeñas dimensiones y es muy útil y práctica por no precisar cables ni toma de corriente, funciona mediante batería.

Fregadora o autofregadora

Máquina empleada para la limpieza de grandes superficies. Limpia y seca en la misma operación. Existen modelos con propulsión mecánica o autopropulsada.

Componentes básicos de la autofregadora

1. **Depósito de solución de detergente**: de mayor o menor tamaño según superficie que se va a tratar. En dicho tanque echaremos el detergente diluido en agua según recomendaciones del fabricante. La regulación del paso del detergente a los discos o cepillos se hace mediante una electroválvula. Dispone de un filtro.

2. **Depósito de recuperación de agua sucia**: cuenta con sensores de parado cuando el líquido llega a unos niveles. Es un poco más grande que el depósito de agua limpia. Dispone de válvula de desagüe.

3. **Grifos de agua limpia**: permiten la regulación de paso del líquido al cabezal de cepillos o discos.

4. **Boquilla de aspiración**: se ubica detrás de los cepillos o discos. Cuenta con al menos dos labios y debe dejar pasar los residuos a la caja de vacío.

5. **Condensadores**: ayuda al motor de inducción en la arrancada y en el trabajo.

6. **Motor de aspiración**: es el encargado de crear el flujo de aire que arrastra hacia el depósito de agua sucia la suciedad que se está limpiando. Se compone de hélice, rodamientos, escobillas, antiparásitos, térmicos salvamotores, inducido, inductora, soporte base de componentes eléctricos, turbinas, carcasa cubreturbinas, tapa y fijación de turbinas.

7. **Motor del cabezal de cepillos y discos**: puede ser de inducción o inducción-repulsión.

8. **Motor de tracción de máquinas autónomas**: imprescindible para evitar desplazamientos de la máquina hacia un lateral. Son motores de inducción-repulsión.

9. **Placa electrónica de control**: su función es parar la máquina cuando los niveles de agua sucia han llegado al máximo.

10. **Cepillos**: existen varias clases.

   a) *De polipropileno*: para todo tipo de superficies. Tienen regular resistencia al desgaste y al agua caliente.

   b) *Nailon*: para todo tipo de suelos. Muy resistente al desgaste y agua caliente.

   c) *Carborundo*: muy abrasivas. Se emplearán en superficies muy resistentes.

11. **Plato de arrastre**: discos especiales para limpiar superficies brillantes y/o lisas.

12. **Chasis y manillar**: el manillar tiene que estar dotado de aislamiento eléctrico, muy importante ya que se trabaja en húmedo.

Elección de las características de la autofregadora

a) Existen modelos de uno, dos o tres cepillos.

b) A la hora de elegir un modelo tendremos en cuenta la superficie total que se va a limpiar y el tiempo que tenemos para ello.

c) El rendimiento teórico de la máquina se calcula multiplicando el ancho de trabajo por la velocidad que, en teoría, es de cuatro kilómetros por hora.

d) En las máquinas de batería hay que tener en cuenta la depresión máxima de aspiración, ya que cuando se agota la batería la depresión puede no ser la adecuada y el suelo se queda húmedo. Las baterías de tracción permiten mayor autonomía y vida útil.

e) Para limpiar lugares difíciles (rampas, montacargas, etc.), elegiremos máquinas menos pesadas, es decir, las de cable, siempre y cuando tengamos tomas de corriente adecuadas.

f) Para superficies rugosas, emplearemos máquinas de cepillo cilíndrico de eje de giro horizontal.

g) El depósito de tanque de solución debe tener una capacidad suficiente para no perder tiempos en reposiciones. Suele tener cinco litros menos que el de agua sucia.

h) El diámetro de las ruedas tiene que ser mayor cuanto más volumen tenga la máquina, ya que soportan mejor los desniveles e irregularidades.

i) El ruido será inferior a ochenta decibelios según marca la ley.

Manejo de la máquina autofregadora

1. Si es de batería, comprobar la carga.

2. Comprobar el estado de los depósitos de agua sucia y limpia, y rellenar o vaciar si es preciso. Echar en el tanque de solución detergente la dosificación adecuada dejando unos cinco centímetros de espacio hacia la boca del tanque.

3. Montar la tapa de los tanques.

4. Asegurarnos de que el mando del grifo de disolución de detergente está cerrado.

5. Montar el cepillo o plato de arrastre adecuados.

6. Encender el interruptor general y posteriormente el motor de aspiración.

7. Accionar la palanca de mando de la boquilla de secado hasta que los labios toquen el suelo.

8. Abrir el grifo de disolución de detergente.

9. Si la máquina tiene motor de tracción, accionar.

10. Conducir la máquina hasta la superficie que se va a limpiar.

11. Regular con los respectivos mandos la boquilla de secado y la solución de detergente según necesidades.

12. Accionar el interruptor del cepillo y comenzar a pasar la máquina.

13. Cada pasada debe solaparse unos cinco centímetros con la anterior.

14. Comprobar la calidad del lavado.

15. Cuando paremos no dejar nunca accionados los mandos de discos o cepillos, ya que dejan huellas.

16. Comprobar que el grifo de disolución de detergente está cerrado. Vaciar si no se va utilizar al día siguiente.

17. Desconectar de la red eléctrica.

18. Levantar la boquilla de secado para evitar deformaciones, limpiar y secar.

19. Vaciar y limpiar el tanque de recuperación.

20. Quitar el cepillo o disco para que no se deformen.

21. Conectar nuevamente a la red y accionar el motor de aspiración durante unos minutos con la tapa abierta para que el motor de aspiración se seque.

Mantenimiento de la fregadora

a) La máquina debe guardarse en lugar ventilado, ya que aquellas que tienen batería sueltan vapores inflamables que pueden explotar con una fuente de calor.

b) Emplear detergentes no espumosos. No usar lejía ni otros oxidantes, solventes ni ácidos.

c) Limpiar el filtro protector del motor de aspiración, la boya flotante o sondas de nivel y filtro y grifo de la solución detergente regularmente.

d) Comprobar periódicamente el canto del labio trasero.

e) No dejar gastar en exceso los accesorios porque disminuye el rendimiento de la máquina.

f) Semestralmente controlar la instalación eléctrica (personal especializado), engrase y estado de correas.

Figura 1.6. Máquina autofregadora.

Lavadora de alfombras y tapicerías

La limpieza de alfombras, tapicerías, moquetas, etc., se puede realizar de dos maneras:

A. En seco: es el sistema más rápido y no precisa humedecer la superficie que se va a tratar. La máquina consta de dos cepillos rotatorios contrapuestos que levantan las cerdas de las alfombras y a su vez ayudan a las microesponjas (compuestos de ingredientes naturales y detergentes) a penetrar en el tejido permitiendo que sus partículas limpien absorbiendo y atrapen el sucio.

Existe otro sistema por el cual se emplea un producto específico diseñado en forma de microesponjas que actúa sobre la superficie que se va a tratar siendo la máquina la que frota y absorbe a la vez.

B. En húmedo: se puede realizar mediante tres sistemas, para ello es preciso en primer lugar aspirar bien la zona antes de tratar:

1. **Espuma seca**: aplicar el producto con máquina rotativa, dejar secar y aspirar.

2. **Champuneado**: aplicar champú cristalizado con máquina rotativa. Dejar secar y aspirar. Algunas máquinas más modernas, champuneadoras, realizan un aspirado final dejando un grado de humedad bajo.

3. **Inyección-extracción**: la máquina inyecta el producto específico a presión a la vez que lo extrae dejando un grado de humedad muy bajo.

El tipo de maquinaria dependerá del método que se va a emplear:

1. Champuneadora.

2. Inyectora-extractora.

3. Rotativa.

4. Microesponja.

Champuneadora

Máquina especial para la limpieza de moquetas y alfombras que requieren un grado de humedad mínimo.

Componentes básicos de la champuneadora

Algunos son muy similares a los explicados en la máquina autofregadora.

1. **Cable eléctrico**.

2. **Chasis y manillar**.

3. **Panel de mandos**: se compone de todos los interruptores necesarios para su manejo (motores y electroválvulas). Las máquinas más modernas disponen de placa digital.

4. **Interruptor.**

5. **Depósito de solución de detergente.**

6. **Depósito de recuperación de agua.**

7. **Generador de espuma seca.**

8. **Filtros.**

9. **Motor de cabezal de cepillos.**

10. **Cabezal de accesorios del cepillo.**

11. **Clavija de conexión de accesorios.**

12. **Cepillos**: remueven la suciedad mezclando la disolución con la misma. Tienen diámetros de 0,3 a 0,6 milímetros. La cerda del cepillo puede ser de poliamida, poliéster o polipropileno.

13. **Turbina de aspiración.**

14. **Carcasa.**

15. **Boquilla de aspiración**: de forma rectangular. Tiene un orificio donde se conecta la manguera de aspiración.

16. **Ruedas de transporte**: de 20 a 30 centímetros. No deben dejar huellas ni marcas.

Elección de las características de la champuneadora

a) Si la superficie que vamos a tratar tiene muebles o los pasillos son estrechos, elegiremos una máquina de menor tamaño y peso.

b) La capacidad de los depósitos será mayor si tenemos que realizar trabajos de gran envergadura.

c) El ancho de la boquilla de aspiración o tamaño están directamente relacionados con el rendimiento en metros cuadrados a la hora. Cuanto más ancho o más grande más rendimiento. El ancho mínimo es de 35 centímetros. Anchos superiores a 70 centímetros hacen difícil su manejo.

d) La longitud del cable se recomienda de 15 a 25 metros.

e) El motor y la turbina tienen que ser capaces de generar un caudal superior a los 200 metros cúbicos por hora.

f) Nivel de ruido, bajo.

g) Debe disponer de un sistema de regulación de presión del cepillo sobre la superficie.

h) El sistema de aplicación de la espuma tiene que ser regulable.

i) Las cerdas del cepillo tendrán forma de V.

Manejo y técnica de limpieza de la máquina champuneadora

1. Prepara la zona que se va a limpiar: despejar de muebles y levantar todo lo que cuelgue en el suelo.

2. Aspirar.

3. Ajustar el cepillo apropiado para la alfombra o moqueta.

4. Conectar a la red y colocar el timón a la altura adecuada.

5. Pasar el cable por el hombro para evitar enganches o tropiezos.

6. Encender el interruptor del cepillo y del control de detergente. Apretar el manillar de manera que el cepillo apenas toque la alfombra. Mover la máquina hacia delante y detrás hasta que se formen 10 centímetros de espuma.

7. Una vez formada la espuma, empujar la máquina lentamente hacia delante de forma recta. Trabajaremos de forma regular manteniendo las pasadas.

8. Cuando llegamos a unos 50 centímetros de la pared opuesta a donde hemos empezado el trabajo apagamos el interruptor de detergente. Terminar de pasar con la espuma restante. La parte más próxima a la pared tendrá que ser limpiada manualmente.

9. Las pasadas en línea recta se realizarán solapando unos 5 centímetros sobre la anterior.

10. Si la alfombra está muy sucia podemos hacer una limpieza transversal en ángulos de 30 o 45 grados. En este caso, usar menos espuma para que no quede mucha humedad. Secar los restos de espuma con una esponja. Frotar los bordes manualmente.

11. Si quedan manchas, pasar la máquina (sin espuma) varias veces hacia delante y detrás sobre el área sucia y en sentidos distintos. A esta técnica se le llama «fregar».

12. Para finalizar, peinar la alfombra con un cepillo de cerdas rígidas levantando el pelo en sentido contrario a su caída.

13. Apagar, desenchufar y limpiar la máquina.

14. Vaciar los depósitos y limpiar y revisar los filtros.

15. Enjuagar la máquina con agua templada dejando que la máquina ande hasta que el agua haya sido vaciada del tanque de detergente y absorbida por el de recuperación.

16. Desmontar el cepillo para limpiarlo. Volverlo a montar.

Mantenimiento de la champuneadora

- Semanal:
  - Limpiar la criba del generador de espuma con un cepillo pequeño y el tubo de salida de espuma.
  - Lubricar la cadena de tracción.
- Periódico:
  - Cambiar las escobillas de carbón del motor cuando estén desgastadas a la mitad.
  - Limpiar y engrasar las ruedas.

Inyectora-extractora

Es una máquina compuesta de una bomba a presión que inyecta agua limpia con detergente y de un aspirador de líquidos que recoge el agua sucia.

Componentes básicos de la inyectora-extractora

a) De inyección:

- **Depósito o cubeta de detergente**: similar al explicado en máquinas anteriores.
- **Bomba de inyección**: tiene la función de inyectar a presión la disolución de la cubeta pulverizando sobre la superficie.
- **Manguera de inyección**: es preferible que sea transparente para controlar el flujo del detergente. Será flexible, resistente al calor y a la presión.

b) De aspiración:

- **Motor de aspiración**: es el que crea el flujo de aire que absorbe el polvo, residuos y líquidos. Muy similar al de la fregadora.

- **Bomba de aspiración.**

- **Manguera de aspiración:** es un tubo flexible indeformable. El diámetro dependerá de la potencia de aspiración, pero viene siendo de 32 a 38 milímetros.

- **Cubeta de recogida**: el volumen varía de 10 a 35 litros en limpiezas profesionales. Si la cubeta tiene una capacidad superior a 25 litros, tiene que llevar un grifo de vaciado.

c) De transporte:

- **Ruedas:** con soporte o no. No dejarán marcas y se deslizarán con facilidad sobre la moqueta o alfombra. Se recomienda de 10 centímetros para las delanteras y 25 centímetros para las traseras. Incluirán paragolpes.

- **Manillar y chasis**.

d) De funcionamiento: eléctricos (clavija y cable).

e) Accesorios.

1. Para tapicerías:

- **Tubo de aspiración**: de acero inoxidable de unos 30 centímetros de longitud. Por un lado, se introduce al conector de la máquina, y por otro, fijamos la pala de aspiración.

- **Válvula de pistola**: sirve para accionar o cortar el flujo de la disolución presionando el gatillo.

- **Pala**: de forma triangular. Tiene que ser ligera y transparente. Suele medir 12 centímetros de ancho.

2. Para suelos:

- **Tubo**: más largo que el de tapicerías.

- **Pala**: suele disponer de ruedas para deslizarse con facilidad.

- **Accesorio con cepillo**: poco frecuente.

Elección de las características de la inyectora-extractora

a) Nos fijaremos en la depresión, que es la fuerza con la que absorbe la suciedad. No confundir este término con la potencia del motor. Las depresiones adecuadas para máquinas pequeñas son de 210 a 220 milibares, y las grandes, de 300 a 350 milibares.

b) Los anchos de las boquillas manuales de suelos suelen ser de 25 a 40 centímetros y para las de tapicerías, de 6 a 12 centímetros.

c) Debemos tener en cuenta el volumen de agua que inyecta en un minuto, oscila de 2,5 a 6 litros por minuto. Es importante que pulverice el agua en un abanico uniforme por todo el ancho de aspiración de la boquilla.

d) Los depósitos tienen una capacidad de 15 a 35 litros. La elección dependerá del volumen de trabajo.

e) A la hora de elegir un modelo, tendremos en cuenta la dimensión de pasillos y espacios donde nos tenemos que mover. Las máquinas de disposición vertical suelen tener 40 centímetros de diámetro por 70 centímetros de alto en los modelos pequeños, y los grandes, 70 centímetros de diámetro por 90 centímetros de alto.

f) En lugares donde no dispongamos de mucho espacio para trabajar elegiremos modelos de manguera larga. En máquinas pequeñas tendrán al menos 3 metros, llegando a los 5 o 10 metros en las grandes.

g) El cable también es importante. En las máquinas pequeñas tienen una longitud de 12 metros, y en las grandes, 15 metros.

h) El peso varía de los 50 kilogramos en máquinas grandes a 15, o 30 kilogramos las pequeñas.

i) Tiene que ser lo más silenciosa posible, ya que muchas de las limpiezas que se realizan con esta máquina se hacen de noche.

Manejo y técnica de limpieza de la máquina inyectora-extractora

Realizar pasadas trabajando en trazos paralelos empezando por una esquina y hacia atrás.

1. Lo primero es elegir el accesorio adecuado según la superficie que se va a tratar:

   • Boquilla de 6 a 16 centímetros de tubo corto: para sillas, sillones, paredes, etcétera.

   • Pala de 30 a 40 centímetros de ancho de tubo largo: para suelos textiles.

2. Conectar la manguera de aspiración al tanque de residuos mediante presión y la de inyección a la salida del tanque de disolución del detergente por enganche rápido.

3. Llenar el depósito de agua limpia con disolución de producto no espumante y además impregnar con el producto el depósito de recuperación y los conductos de aspiración.

4. Conectar a la red y pulsar el motor de la bomba de inyección. Comprobar con la pistola del accesorio presionada que la disolución circula. Purgar el aire si tuviera.

5. Si trabajamos con agua caliente elegir la temperatura adecuada al material que se va a tratar. Poner a funcionar la resistencia y esperar a que coja temperatura.

6. Pulverizar las manchas o zonas muy sucias con el producto concentrado y dejar actuar. Las trataremos cuando lleguemos a ellas o de forma individual.

7. Comenzar a realizar pasadas en trazos paralelos. En los suelos empezaremos por la parte más alejada a la puerta de salida.

8. En las tapicerías realizaremos las pasadas en trazos paralelos procurando hacer efecto ventosa y aspirando ligeramente.

9. Al finalizar, vaciar y limpiar de la misma manera que hemos explicado en la champuneadora.

Mantenimiento de la inyectora-extractora

Diario:

- Limpiar el recipiente de la extractora y comprobar boquillas y tubos evitando suciedades.

- La inyectora debe limpiarse dejándola funcionar durante un rato con agua limpia para eliminar residuos de los conductos. Descargaremos el agua evacuada en un cubo o en el depósito.

- Desconectar, descargar el agua de la manguera y recogerla, así como sus accesorios.

- Limpiar el tanque de disolución, los filtros, la carcasa, ruedas y soportes.

Periódico:

a) Inyección

- Engrasar la conexión de la manguera.

- Tensar las palomillas de fijación del cabezal a la cubeta.

- Engrasar los puntos de acoplamiento de los accesorios.

- Hacer revisar (semestralmente) el estado del motor y del colector, inducido y la limpieza de turbinas y escobillas.

- Revisar el cableado, la manguera eléctrica, clavijas y protector.

b) Extracción

- Llevar a cabo descalcificaciones (según tipos de aguas) en los conductos de detergente y agua.

- Limpiar el filtro de entrada y la válvula rápida de salida de incrustaciones usando un antióxido desincrustante.

- El resto de elementos serán revisados por el servicio técnico en el caso de escuchar sonidos no habituales, falta de presión o vibraciones extrañas.

Figura 1.7. Máquina inyectora-extractora.

Limpiadora o lavadora de alta presión

Máquina que desprende chorro de agua fría a presión que unido a la acción de productos químicos realiza una limpieza eficaz de superficies difíciles.

Su uso es bastante sencillo. Llenar el depósito de agua. Esperar a que alcance la temperatura y presión adecuadas y accionar el chorro de agua.

44

Limpiadora de vapor

Máquina que desprende vapor de agua, ideal para limpiezas sin necesidad de utilizar productos químicos. Empleo para cualquier tipo de limpieza (suelos, superficies, baños, cristales, etcétera).

Están provistas de distintos tipos de boquillas y accesorios especiales según la limpieza que se vaya a realizar: pistola, boquilla chorro concentrado, alto impacto, manual, cristales, barredora de suelos, etcétera.

Su manejo es sencillo y muy similar a una plancha de vapor. Rellenar el depósito de agua dejando un espacio de seguridad, si lo hacemos con agua caliente ahorraremos tiempo. Conectar a la red y esperar a que alcance la presión adecuada. Accionar el interruptor y aplicar el vapor.

Mantenimiento de la máquina limpiadora a vapor

Si no vamos a usarla de inmediato, es conveniente vaciar el depósito de agua.

Cada tres usos hay que limpiarla para que no se deposite la cal y se obstruya la salida. Para ello, vaciaremos el depósito de agua y lo enjuagaremos con agua limpia.

El mantenimiento periódico consiste en descalcificar la máquina con un producto específico.

Purificador de aire. Ionizador. Ozonizador

Un **purificador de aire** es un dispositivo que elimina los elementos contaminantes tóxicos, humos, partículas, presentes y/o suspendidos en el aire. El sistema de purificación puede ser mediante filtrado de aire utilizando filtros HEPA o absorción de sustancias químicas volátiles mediante el empleo de carbón activado. Ambos sistemas se emplean conjuntamente.

El **ionizador** es un generador de iones negativos que ayudan a mejorar la calidad del aire, reduciendo el volumen de iones positivos nocivos. El polvo, polen y partículas suspendidas en el aire se depositan en el suelo o en un filtro. Purifica el aire en lugares cerrados eliminando el mal olor. Para que sea eficaz debe contener filtros antipolvo.

El **ozonizador** es un generador de ozono. Desinfecta y purifica el aire, eliminando malos olores. Hay que tener precaución en su uso.

Rotativa

Máquina pulidora de piso. Según el modelo pueden realizar trabajos de fregado, pulido, lijado y cristalizado de suelos duros y limpieza de alfombras. Pueden ser de alta o baja revolución.

Es sencilla de manejar. El cambio de accesorios no tiene mucha dificultad.

Clases de máquinas rotativas

Depende de la velocidad a la que hace moverse los complementos. Cada una de ellas es idónea para un procedimiento determinado. Pueden añadirse equipos de aspiración, comprensores de espuma seca, etc. Tipos:

1. Universal.
2. Media velocidad.
3. Alta velocidad. De 1000 a 1600 rpm.
4. Ultra alta velocidad. De 2000 a 3000 rpm.
5. Antideflagrante.

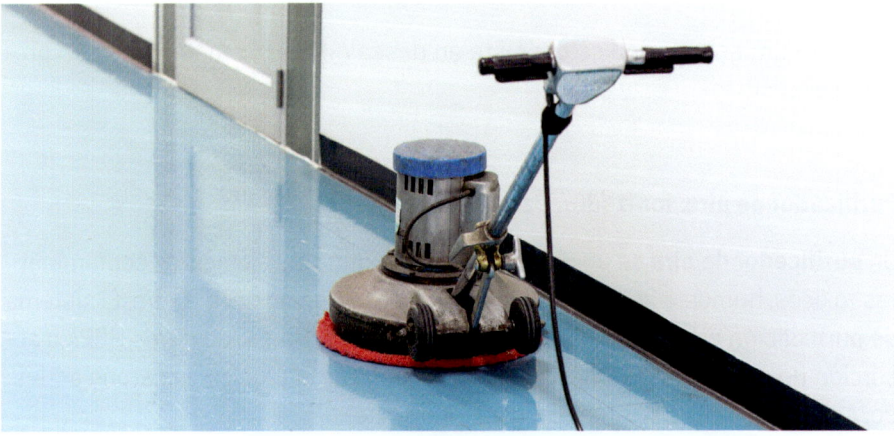

Figura 1.8. Máquina rotativa.

Componentes básicos de la máquina rotativa

a) De utilización:

- **Timón**: el brazo es graduable y se controla con una manecilla situada en la empuñadura. La posición ideal del timón es a la altura de la ingle de la persona que la manipula.

46

- **Manecilla de depósito**: permite dosificar la cantidad de solución que vamos aplicando a la superficie.

- **Enganche de accesorios**: componente en forma de aspa en el que se conectan los diversos accesorios con un simple giro.

- **Complementos:**
  1. **Equipo aspiración de polvo:** para tareas de lijado o mantenimiento de ceras metalizadas.
  2. **Comprensor de espuma seca:** para el mantenimiento de moquetas. Generan espuma seca con niveles de humedad regulables.

b) De transporte:

- **Ruedas**: tienen que ser lo más grandes posible. Las ruedas con cojinetes son mejores que las que van sobre caballetes.

- **Manillar**: se compone de una **empuñadura** que tiene que adaptarse a la mano de la persona que la manipula y además será resistente y aislante. Dispondrá de un **mecanismo de seguridad** para evitar que se accione de manera accidental. Tiene dos **manecillas**, una a cada lado de la empuñadura, y funciona mientras presionamos el **interruptor** para evitar accidentes.

- **Parachoques de protección**: importante en este tipo de máquinas por la fuerza de movimiento que ejercen.

- **Contrapeso**: fundamental para equilibrar el peso del timón en las máquinas que tienen el motor central. Las que lo tienen en un lateral, el peso del timón queda compensado con el del motor.

c) De funcionamiento:

- **Manguera cable de alimentación**: debe medir al menos 15 metros y sus características serán similares a las del aspirador.

- **Clavija y enchufe**.

d) Accesorios:

- **Cepillos**: se utilizan tanto en máquinas rotativas como en autofregadoras. Se componen de disco o tabla y cerdas. El disco es de madera contrachapada o fibra inyectada, de tamaño según máquina, pero nunca debe sobresalir de la protección de esta. Las cerdas son de distintos grosores y fibras.
  1. *Cerdas de fibras naturales*:
     — *Piassaba:* fibra quebradiza, de color marrón. Se usa para abrillantar ceras blandas especialmente en barro cocido.

— *Tampico:* es más flexible y suave que la anterior. Se emplea para bruñir (dar lustre) a ceras blandas en suelos muy delicados.

— *Unión:* mezcla de *tampico* y *piassaba*. Para sacar brillo a ceras blandas.

2. *Cerdas de fibras sintéticas:*

— De nailon o perlón: es el tipo de cerda más genuina. Existe una gran gama y variedad en el mercado. El nailon absorbe bastante el agua, lo que hace que pierda rigidez; se deforma y recupera con lentitud. Las de gama alta van recubiertas de carburo de silicio consiguiéndose así los cepillos de carborundo, que son más resistentes, pero tienen el inconveniente de rayar los suelos blandos y calcáreos.

— De polipropileno: absorbe menos agua que la de nailon, luego se deforma menos. Aguanta bien tanto las disoluciones ácidas como las alcalinas, sin embargo, aguanta menos la abrasión y dura menos si se utiliza en suelos rugosos. Resiste menos a las altas temperaturas.

— De poliéster: sus características son similares a las del polipropileno, aunque absorbe más agua y es menos resistente a los ácidos, pero soporta más la temperatura. Es el más caro de todos.

3. *Otros.*

— Tymex o carborundo: las cerdas están recubiertas de abrasivos. Se emplea para la limpieza de suelos muy sucios y resistentes como el granito u hormigón básico. No trabajar con mucha presión.

— Acero: pueden ser de alambre, de láminas planas de acero o mixtas de fibras sintéticas y acero. Altamente abrasivo, se usa para levantar costras de suelos muy irregulares o rascar incrustaciones resistentes.

- **Discos abrasivos o *pads***

Están fabricados con fibras, resinas y minerales.

La fibra es el mayor componente de los discos y puede ser de nailon o poliéster. Es mejor el poliéster que el nailon, aunque hay distintos grados de calidad. El nailon es más económico, pero tiene muchas desventajas.

El poliéster tiene mayor dureza que el nailon, luego mayor duración y mejor rendimiento. Tiene mayor flexibilidad, se adapta mejor y, por lo tanto, limpia mejor. Es más adaptable a las irregularidades y se puede usar en seco y húmedo. Tiene mejor capacidad para mojarse que el nailon, por consiguiente necesitamos menos tiempo de lavado.

El mineral es lo que hace que el disco sea abrasivo, aunque la proporción de este es pequeña. Puede ser blando o duro. El duro se usa para rayar y el blando para lubrificar.

La resina es lo que da consistencia a la estructura. Se emplea para mantener las fibras unidas entre sí y el mineral a la fibra. La calidad del disco depende de las características y curados de la resina.

La estructura de los discos depende de la colocación de las fibras. Las dos estructuras más comunes son:

— *Rando*: cuyas fibras están dispuestas en forma inclinada unas encima de otras. Suelen tener un desgaste diferencial. Este tipo de disco es muy eficiente cuando se trabaja con máquinas de baja velocidad o en decapados o fregados de superficies muy sucias, ya que permite más capacidad de acumulación de suciedad.

— *Cross-weave:* compuesto de capas enlazadas horizontalmente. Es el tipo de disco adecuado para máquinas de alta velocidad, pero no tanto para el fregado o decapado.

La densidad del disco depende de lo abrasivos o blandos que sean. En el decapado, por ejemplo, se tienen que usar discos esponjosos y a su vez fuertes.

La abrasividad y agresividad del disco depende del mineral del que está compuesto y el diámetro del grano. Para fregados se emplea la sílice, para decapados el corindón o carborundo y para abrillantados el talco.

En el cuadro que exponemos a continuación se refleja el tipo de disco adecuado según la tarea que se vaya a realizar. Normalmente los discos se presentan en siete o nueve colores, aunque depende del fabricante. El color está relacionado con la abrasividad, así, por ejemplo, el negro es el más abrasivo pasando al marrón, verde, azul, rojo, naranja y blanco.

Cuadro 1.10. Elección del disco abrasivo según tarea.

DISCO	TAREA
• Malla de 60, 80, 120 o 150 granos	Acondicionamiento de parqué.
• Disco T	Limpieza de moquetas.
• Marrón • Negro • Hi-Pro negro • Malla con abrasivo	Decapado.
• Verde • Verde oscuro • Azul • Rojo	Fregado.
• Verde claro • Naranja • Rojo	Método *spray*.
• Blanco • Naranja • Champán	Abrillantado en seco.

Elección de las características de la máquina rotativa

a) Lo primero que se debe tener en cuenta es el peso de la máquina, es decir, la presión que ejerce sobre la superficie que trabaja el disco. Para trabajos de decapado y cristalizado de suelos duros es conveniente el uso de una máquina pesada, sin embargo, para textiles emplearemos máquinas ligeras.

b) Lo segundo es elegir las revoluciones por minuto. Para cristalizados de superficies duras, elegiremos una máquina rotativa de 120 a 150 revoluciones por minuto. Para el lavado y champuneado de textiles, lo ideal es trabajar con una rotativa de 160 a 200 revoluciones por minuto. Para el mantenimineto de ceras metalizadas y el pulido de ceras blandas autobrillantes, emplearemos una máquina de 400 revoluciones por minuto. Las máquinas de alta y ultra velocidad son las idóneas para el mantenimiento del brillo en grandes superficies.

c) En general, hay que tener en cuenta que a mayor peso menor revoluciones por minuto.

Manejo de la máquina rotativa

1. Lo primero es colocar los accesorios. Tumbar la máquina para realizar el cambio. Comprobar la sujeción de este.

2. Levantar la máquina y colocar el timón a la altura en que nos encontremos más cómodos, que suele ser a la altura de la ingle.

3. Pasar el cable por encima del hombro para evitar enganches con la máquina.

4. Cuando trabajemos con rotativa de velocidad normal o medio alta, para desplazarnos de izquierda a derecha, presionaremos el timón hacia arriba o hacia abajo. Para desplazamientos de delante hacia atrás, empujar la máquina o traerla hacia nosotros. Las máquinas de alta o ultra velocidad no tienen problemas, ya que se desplazan gracias a las ruedas de apoyo.

5. Realizaremos pasadas trabajando por secciones ordenadas.

6. Después de trabajar, limpiar y secar los enganches de los accesorios y guardar sin los accesorios acoplados.

Mantenimiento de la máquina rotativa

a) Controlar que el motor no trabaje forzado por falta de tensión o por trabajos duros y prolongados.

b) Si la máquina se para, comprobar que el corte ha sido rápido escuchando el sonido.

c) Vigilar el voltaje. Cuidado con los alargadores.

d) Mantenimiento: los cables, ruedas y carcasas limpios. La articulación del brazo bien engrasada.

e) Después de trabajar, limpiar y secar los enganches de los accesorios y guardar sin accesorios acoplados.

Normas de protección y seguridad en el uso de maquinaria

Para evitar averías o deterioros en las máquinas y que los operarios sufran daños o accidentes, es conveniente seguir las siguientes normas generales de protección y seguridad.

1. Leer con atención las instrucciones de funcionamiento de la máquina antes de comenzar a trabajar con ella.

2. Usar calzado aislante y con adherencia.

3. No manipular ninguna máquina con las manos mojadas.

4. Tener precaución con los vertidos de líquidos o con los suelos mojados.

5. No emplear máquinas cuyo uso no estemos autorizados.

6. La máquina debe tener un diseño adecuado para que el operario pueda adaptarse a ella. Colocar la empuñadura o manillar a la altura adecuada para trabajar de manera cómoda sin estar agachados. Emplear los tubos o mangueras necesarios para conseguir una postura adecuada.

7. Maniobrar la máquina con precaución sobre todo en cuestas y rampas.

8. No aparcar la máquina en cuestas.

9. Las etiquetas de la máquina deben ser legibles y estar en buen estado.

10. No destinar la máquina a otro uso que no sea el previsto.

11. Prohibido quitar o modificar cualquier dispositivo de seguridad de la máquina.

12. No retirar las protecciones de la máquina a no ser que estemos trabajando en tareas de mantenimiento, limpieza o ajuste de esta.

13. No tratar de reparar la máquina si no estamos preparados o autorizados para ello. Avisar a su superior.

14. Es muy importante controlar el buen estado de los cables y las conexiones eléctricas. Si detectamos algún defecto, no usar y avisar a su superior o al servicio técnico.

15. Verificar siempre que las tomas, enchufes y cables son los apropiados para el tipo de máquina con el que vamos a trabajar.

16. Mucho cuidado con el uso de alargadores. Debemos asegurarnos de que son los adecuados y no hacer empalmes.

17. Para evitar descargas eléctricas, la máquina tendrá toma de tierra. Las tomas de corriente estarán conectadas a tomas de tierra y se encontrarán protegidas.

18. Comprobar la correspondencia de las características eléctricas de la máquina con las de la instalación eléctrica que vamos a usar.

1.4. Procedimientos de búsqueda y tratamiento de proveedores

Todo proceso de búsqueda y selección de proveedores es una tarea que lleva un coste para la empresa debido al tiempo que tenemos que dedicar a ello. Suele ser el departamento de compras el que realiza esta operación; sin embargo, en algunos establecimientos hoteleros pequeños es la gobernanta o encargada general la que se ocupa de dicha tarea. No obstante, aunque sea el departamento de compras el que se encargue de la búsqueda, es aconsejable que la gobernanta colabore en la selección, ya que es ella la que más experiencia tiene y la que mejor conoce las ventajas e inconvenientes del uso de ciertos productos, útiles o maquinaria de limpieza.

En la mayoría de las ocasiones, antes de elegir un proveedor y sus productos, se realizan pruebas de eficacia o demostraciones de rendimiento y uso por parte de la empresa. Será la encargada o gobernanta la que haga este seguimiento.

Es conveniente elegir varios proveedores y no centralizar todo en uno solo por los posibles fallos en el suministro de material que pudieran producirse (falta de existencias, quiebra de la empresa, incidencias en el reparto, etcétera).

Antes de proceder a la selección de los proveedores, deberemos tener claro qué productos necesitamos, las calidades y características de dichos productos, así como la periodicidad de la compra.

Todo proceso de búsqueda y selección de proveedores tiene tres fases:

1º Búsqueda de información.

2º Solicitud de información.

3º Evaluación y selección del proveedor.

1º Búsqueda de información

Las fuentes de información son muy diversas. Citaremos las más usuales a modo de ejemplo.

- Internet: buscadores, blogs profesionales, páginas de las empresas suministradoras, páginas amarillas, etcétera.

- Publicaciones especializadas en la actividad de la empresa.

- Ferias y exposiciones comerciales especializadas en el sector. Algunas importantes para el sector y el departamento de pisos son: HOREQ, HOSTELCO, HORECA y EXPO FOODSERVICE, entre otras.

- Asociaciones empresariales y profesionales, como por ejemplo ASEGO (Asociación Española de Gobernantas).

- Cámaras de comercio. Disponen de un gran fichero de empresas censadas y son una gran fuente de información.

- Asociaciones de consumidores y usuarios. La OCU suele publicar estudios muy interesantes sobre análisis y rendimiento de productos que nos pueden orientar y ayudar en la selección o elección del mejor producto.

- Fuentes internas de la propia empresa.

2º Solicitud de información

Podemos realizarla directamente a través del teléfono, de una carta o del correo electrónico; visitando al proveedor o solicitando la visita de un comercial.

Debemos tener en cuenta toda la información que nos es preciso requerir relativa a la calidad de los productos, las condiciones económicas, etcétera.

Aspectos importantes a tener en cuenta a la hora de solicitar información:

a) **Calidad y características de los productos**. Debemos conocer los siguientes aspectos:

- Características técnicas.
- Composición y calidad.
- Seguridad y ecología.
- Garantía.
- Servicio posventa.
- Servicio atención al cliente.
- Servicio de formación de los usuarios, etcétera.

b) **Condiciones económicas** como:

- Precio unitario.
- Precios de envases y embalajes.
- Gastos de transporte, seguros, etcétera.
- Descuentos.
- Forma y plazo de pagos.
- Recargos por aplazamiento de pago.

c) **Otros**:

- Plazos de entrega.
- Devolución de excedentes.

- Validez de los precios y revisión de estos.
- Cualquier otra que consideremos importante.

3º Selección del proveedor

Una vez recibida la información de todos los proveedores, hay que realizar un estudio comparativo.

No siempre la opción más barata es la mejor. Es posible que entre un proveedor más barato y otro un poco más caro existan aspectos que son importantes para nosotros como puede ser el servicio técnico de urgencia en menos de 24 horas, el envase, las cualidades especiales de un producto, etcétera.

Una vez seleccionados los proveedores, tendremos que abrir una ficha con todos los datos precisos para llevar un control y realizar los pedidos conforme al ejemplo que se expone a continuación.

PROOVEDOR: Código:			Dirección: Teléfono: Fax: @: Teléfono emergencias:			
Plazo de entrega: 7 días.			Horario de entrega: 08:00 a 14:00 horas.			
PRODUCTO	NOMBRE COMERCIAL	ENVASE	ENVASE/CAJA	UNIDAD VENTA	LITROS/UNIDADES	PRECIO €
Deterlejía	Sani	2 litros	10 unidades	1	20	24
Estropajo blanco	Suavix	1 unidad	20 unidades	1	20	30

Figura 1.9. Ejemplo de ficha de proveedor de productos y útiles de limpieza.

ACTIVIDADES

1.1. Realiza un cuadro comparativo de las ventajas e inconvenientes de todos los productos de limpieza usados como:
   a) Desinfectantes.
   b) Desengrasantes.

1.2.
   a) Resuelve la dosificación de los productos que aparecen en el Cuadro 1.7. en forma de división.
   b) ¿Qué rendimiento tendrá el detergente-desinfectante que se utiliza en la máquina que aparece en la Figura 1.8. si lo usamos en disoluciones del 25%?

1.3. Consulta el Reglamento Delegado (UE) n° 665/2013 de la Comisión, de 3 de mayo de 2013, que complementa la Directiva 2010/30/UE del Parlamento Europeo y del Consejo en lo que atañe al etiquetado energético de las aspiradoras. Realiza un esquema de tipos de aspiradoras. Indica qué información incorporan las nuevas etiquetas y a qué se refiere cada concepto.

1.4. Elabora un cuadro con las ventajas e inconvenientes de las distintas cerdas de fibra sintética empleadas en máquina rotativa.

1.5. Realiza un cuadro de correspondencias entre pictogramas de peligrosidad anteriores y posteriores al año 2009.

2. Análisis y ejecución de los procesos de limpieza y puesta a punto de habitaciones y zonas comunes en alojamientos

Introducción

Todo proceso de limpieza tiene un objetivo distinto (mantenimiento, desinfección, abrillantado, etc.). Una vez determinado dicho objetivo, tenemos que analizar los factores que intervienen en la limpieza aplicando correctamente cada uno de ellos. La ejecución del proceso será diseñada de tal manera que exista el menor número de desviaciones posibles. La puesta a punto de habitaciones y zonas comunes en alojamientos se compone de una serie programada de procesos que llevan un orden lógico de ejecución.

En este capítulo estudiaremos los materiales y la idoneidad de los tratamientos, las técnicas de limpieza más habituales, los procesos de limpieza completos y el correcto control de la ejecución de estos.

Contenido

2.1. Análisis y evaluación de los sistemas, procesos y métodos de equipos y mobiliario y de tratamiento de superficies

2.2. Formalización de programas de limpieza de locales, instalaciones, mobiliario y equipos propios del departamento

2.1. Análisis y evaluación de los sistemas, procesos y métodos de equipos y mobiliario y de tratamiento de superficies

Antes de pasar a explicar los sistemas, procesos y métodos de limpieza, es imprescindible conocer los tipos de suelos, las superficies, los materiales con los que están hechos y sus características.

Por lo general, los suelos o pavimentos se conocen y clasifican por su **dureza**, es decir, la resistencia que tienen al desgaste. Los podemos clasificar en tres grandes grupos según aparece en el cuadro que se muestra a continuación.

Cuadro 2.1. Clasificación de los suelos o pavimentos por su dureza.

DUROS (muy resistentes e impermeables)	Piedras naturales (lisas o pulidas)	Granito	
		Mármol	
		Travertino	
		Pizarra	
		Piedra	
	Piedras artificiales	Terrazo	
		Baldosa cerámica (azulejo, baldosín, baldosín catalán, mosaico, etc.)	
		Porcelana	
	Arcillosos	Ladrillo, gres, fiorentino	
	Arcillosos pulidos	Cerámica	
		Gres esmaltado	
		Baldosas esmaltadas	
		Porcelanato gres	
	Cemento	Cemento lavado o blindado (endurecido y coloreado)	
MEDIOS	Madera (entarimados)	Blanda y resinosa	Abeto
			Pino
			Arce
		Dura y compacta	Encina
			Haya
			Roble
			Nogal
			Cerezo
		Extradura	Panga-panga
			Wengué
	Corcho	Baldosas, planchas o plaquetas de corcho desmenuzado y comprimido a altas temperaturas	

BLANDOS	Pavimentos textiles (alfombras y moquetas)	Textiles de fibra animal	Lana
		Textiles de fibra vegetal	Algodón, coco, yute
		Textiles de fibra sintética	Poliamida, nailon, poliéster, polipropileno, poliacrílico
		Textiles de fibra artificial	Rayón, acetato, fibrolana
		Textiles mixtos	
	Pavimentos resistentes o plásticos	PVC, linóleo, caucho, termoplásticos, vinílicos, goma, rubcor, tartán, resinas acrílicas	

Conocer la porosidad de los materiales con los que vamos a trabajar en la limpieza es una ventaja a la hora de aplicar los sistemas de limpieza. Así podremos saber cómo quitar una mancha o con qué producto se puede limpiar.

La porosidad es la capacidad de un material para absorber líquidos o gases y depende de la composición y estructura de la superficie.

Podemos distinguir cuatro tipos principales de superficies porosas según se muestra en el cuadro siguiente.

Cuadro 2.2. Clasificación de las superficies por su porosidad.

TIPO DE SUPERFICIE		MATERIALES	CARACTERÍSTICAS	VENTAJAS E INCONVENIENTES
L I S A	Superficialmente porosa	La encontramos en suelos de: linóleo (propiedad bacteriostática), PVC, sintasol, goma, caucho, etc.	Tiene porosidad solo en la primera capa de la estructura, después pasa a una segunda capa que no deja pasar el agua.	La ventaja que tiene es que es fácil de limpiar y se puede utilizar como aislante de la humedad.
	Totalmente porosa	La encontramos en suelos de cemento, madera, arcilla, etc.	Cuando echamos agua en este tipo de estructura y la dejamos actuar durante un tiempo es capaz de filtrarse hasta el otro lado de su superficie.	Este tipo de superficie tiene la desventaja de mantener durante mucho tiempo la humedad, luego las manchas que se depositan en ella son difíciles de quitar.

TIPO DE SUPERFICIE		MATERIALES	CARACTERÍSTICAS	VENTAJAS E INCONVENIENTES
R U G O S A	Porosa	La encontramos en suelos de pizarra, travertino, piedra caliza, etc.	Los poros se encuentran en una superficie inestable o rugosa. La limpieza de este tipo de superficies es más complicada, ya que acumula suciedad entre los huecos que deja la rugosidad.	La porosidad de la estructura no viene definida por las rugosidades de esta, sino por la naturaleza que contenga.
	Totalmente porosa	La encontramos en suelos de hormigón, madera, cemento, etc.	Cuando tenemos una superficie rugosa, para limpiarla hay que intentar quitar el polvo antes de fregar. Si no se hace así, cuando mojemos la superficie las partículas de polvo se unirán formando suciedades que se irán acumulando y compactando.	Son muy absorbentes.

Por último, nos quedaría hablar de la impermeabilidad. Decimos que una superficie es **impermeable** cuando actúa como aislante del agua. En la limpieza este concepto lo vamos a considerar como que la propia superficie es la que sirve de aislante contra el agua. Es decir, la porosidad va a ser nula.

A la hora de aplicar nuestros trabajos de limpieza, vamos a encontrar muchas ventajas. Por ejemplo; la suciedad es fácil de quitar; podemos utilizar el agua sin esperar consecuencias negativas y no vamos a tener problemas de humedad.

Nos encontraremos con dos tipos de superficies impermeables:

a) *Superficie impermeable lisa*. La encontramos en suelos de cerámica, porcelana, gres, formica, etcétera.

b) *Superficie impermeable rugosa*. La encontramos en suelos de cerámica, gres, formica, etcétera.

Deterioro de las superficies

Los agentes más importantes que contribuyen al deterioro de las superficies son los siguientes:

- Las pisadas y roces.

- El clima (el sol, la humedad, el calor, etcétera).

- Los productos químicos.

- El uso diario.

La causa del deterioro de las superficies puede venir dada por:

- Excesivo uso de agua en la limpieza.

- No secado a tiempo o secado insuficiente o inadecuado.

- Uso inadecuado de un producto químico empleado en la limpieza.

- Forma inadecuada de realizar la acción mecánica (exceso de fricción).

- Mala calidad del material.

- Negligencias: golpes, roturas...

A la hora de realizar la limpieza es importante conocer el material que vamos a tratar y la sensibilidad de este a ciertos productos químicos para emplear el correcto y evitar deterioros.

A continuación, reflejamos una tabla de sensibilidad a los productos químicos y el agua de los materiales más comunes empleados en construcción y decoración.

Cuadro 2.3. Sensibilidad de los materiales a los productos químicos y el agua.

MATERIALES	PRODUCTO			AGUA
	Ácido	Disolvente	Alcalino	
Madera	1	0	0	3
Mármol	3	0	1	0
Travertino	3	1	2	0
Granito	3	1	2	0
Pizarra	2	2	1	0
Terrazo	3	0	1	0
Porcelana	0	0	0	0
Gres	0	0	1	0
Porcelanato	2	1	0	0
Cemento	3	1	1	0

MATERIALES	PRODUCTO			AGUA
	Ácido	Disolvente	Alcalino	
Polivinilo	0	3	2	0
Linóleo	0	2	2	0
Formica	1	2	2	0
Moqueta	3	3	1	0

0-RESISTENTE; 1-ALGO SENSIBLE; 2-SENSIBLE; 3-MUY SENSIBLE

Procesos y métodos limpieza de superficies y materiales

Para la realización adecuada del proceso de limpieza, tenemos que tener en cuenta lo siguiente:

a) *El sustrato que se va a tratar*:

1. Características fisicoquímicas:

   - Composición.

   - Grado de dureza y flexibilidad.

   - Grado de porosidad.

2. Tipo y nivel de protección:

   - Cera.

   - Cristalizado.

   - Barnices y pinturas.

   - Resinas y acrílicos.

b) *Tipos de suciedad*:

1. Por su relación con el sustrato:

   - Suelta.

   - Adherida.

   - Incrustada.

2. Por su composición:

   - Aceites y grasas minerales.

   - Grasas.

   - Bebidas.

- Minerales (arena, polvo o barro).
- Proteínas.
- Otras.

c) ***El nivel de desinfección exigido***:

- Bajo o ninguno.
- Medio.
- Alto.

d) ***Sistemas y métodos de limpieza***:

- Manual o mecánico.
- Seco, húmedo o mojado.
- Físico, químico o fisicoquímico.

e) ***Técnica de protección precisa***

- Recubrimiento con cera o resina.
- Cristalizado.

Cuadro 2.4. Ejemplo de proceso de limpieza de suelos. Pautas generales.

TIPOS DE SUELOS	MANTENIMIENTO DIARIO Y ESPECIFICACIONES
DUROS No emplear productos ácidos para su limpieza. Precisan protección como el cristalizado.	• Barrido con mopa impregnada de captapolvo. • Fregado con detergente neutro.
	MÁRMOL • No emplear ácidos, lejía o sosa para su limpieza. • Evitar la humedad, ya que le afecta bastante.
	GRES • Evitar productos y materiales abrasivos. • No utilizar ceras, lo vuelven resbaladizo.
MEDIOS MADERA Y CORCHO	• Eliminar polvo con mopa humedecida. • Aspirar bien rincones y recovecos. • Fregado con fregona muy escurrida. • Usar productos neutros específicos. • Secado perfecto. • Precaución en la eliminación de manchas, usar siempre productos específicos.

TIPOS DE SUELOS	MANTENIMIENTO DIARIO Y ESPECIFICACIONES
MEDIOS MOQUETA	• Aspirar. • No utilizar champuses alcalinos. • No emplear cepillos fuertes. • Para eliminar manchas emplear productos adecuados, siempre tamponando, nunca frotando. Secar bien y cepillar.
BLANDOS GOMA	• Barrido. • Fregado con fregona muy escurrida. • No emplear productos detergentes alcalinos (lejía, amoníaco, etc.). • Secado.
BLANDOS PVC	• Barrido. • Fregado con fregona muy escurrida. • Usar jabón neutro. • Secado.

2.1.1. Aplicaciones de los equipos y materiales básicos

Vamos a dividir el apartado en tres unidades básicas:

A) Tratamiento de superficies específicas.

B) Aplicación de técnicas de limpieza.

C) Procedimiento completo de limpieza de habitaciones.

A) Tratamiento de superficies específicas

• El granito

Es una piedra compuesta de mica, feldespato y cuarzo. Su resistencia es de las más altas, apenas tiene porosidad y el brillo se consigue mediante el pulido.

Para diferenciar el granito de algún tipo de mármol similar en aspecto podemos realizar las siguientes pruebas:

a) Aplicar un ácido en un lugar no visible. Si se produce efervescencia se trata de mármol.

b) Rayar con un metal en lugar no visible. El granito no se altera, mientras que el mármol sí.

Lo podemos encontrar en fachadas, paramentos, entradas, escaleras, aseos, encimeras, pavimentos, etcétera.

Tratamiento

— *Primera limpieza*: consiste en eliminar todo residuo calcáreo procedente de la obra.

Lo primero es eliminar mediante la acción mecánica los pegotes o manchas. Podemos ayudarnos de algún tipo de ácido previa prueba en la superficie.

Para la limpieza profunda no utilizaremos cepillos abrasivos que contengan carborundo si el granito es pulido, ya que eliminan el brillo.

La técnica de limpieza con rotativa es muy delicada y debe ser ejecutada por personal especializado.

El ácido aplicado en la limpieza puede dañar las juntas entre baldosas y los enseres que se encuentran alrededor. Tener precaución.

— *Tratamiento de protección*: no se puede cristalizar así que el único tratamiento para dar brillo es el pulido.

— *Mantenimiento diario*: en granito pulido realizaremos un barrido en húmedo con mopa, gasa y captapolvo.

En granito basto realizaremos un barrido en seco con cepillo de fibra larga y rígida.

— *Mantenimiento periódico*: para granito pulido en pequeñas superficies: fregar con doble cubo y detergente neutro sin residuos. En grandes superficies se empleará rotativa con disco rojo o blanco, o máquina fregadora y detergente neutro.

El granito basto debe ser limpiado con aspiradora y fregadora automática, o rotativa con cepillo de fibra dura. Emplear detergente específico según tipo de suciedad.

• El mármol

Es una piedra medianamente resistente. Los más blancos y puros son los menos resistentes. No se recomienda en zonas de mucho tránsito.

La porosidad depende del tipo de mármol. Para dar brillo se emplea la técnica de cristalizado.

Su identificación es fácil mediante la observación o aplicando la técnica explicada en el granito. Es bastante absorbente.

Hay que tener cuidado con la lejía, el amoníaco y detergentes no neutros, ya que matan el brillo del mármol.

Existen muchas clases, aunque los más comunes son:

— Africano: de color rojo púrpura, con manchas y vetas blancas y negras.

— De Carrara: es blanco y tiene uniformidad en el grano. Es el más usual.

— Lumaquela: contiene multitud de fragmentos de conchas y restos fósiles.

— Serpentino: de color verde abigarrado.

— Travertino: es una roca sedimentaria compuesta de carbonato cálcico; por ello se estudia dentro de los mármoles, ya que su composición básica, aplicaciones y tratamiento son muy parecidos. Es de color beige más o menos oscuro y contiene coqueras (oquedades).

El mármol lo podemos encontrar en fachadas, pavimentos, paramentos, encimeras de cocina y baños.

Tratamiento

— *Primera limpieza*: la retirada de residuos calcáreos tiene que ser inmediata, ya que atacan a la superficie. No se puede usar ácidos para la limpieza. En el caso de precisar rotativa emplearemos disco rojo y de no ser efectivo pasar al marrón o negro.

— *Tratamiento de protección*: se realizará mediante el cristalizado o encerado. El resultado final en cuanto al brillo dependerá del color del mármol, la porosidad, la pureza del carbonato cálcico, el grado de pulido, la ausencia de suciedad y la humedad del suelo.

El abrillantado puede hacerse con sales o ceras. El inconveniente de las ceras es que resbalan y son menos resistentes al tránsito, aunque su aplicación es más fácil y secan antes. Para la aplicación de cristalizador se empleará rotativa pesada y lana de acero además de producto específico.

A veces es preciso aplicar tapaporos para sellar e impermeabilizar una zona de mucho tránsito que requiere un mantenimiento diario con máquina.

— *Mantenimiento diario*:

1. Retirar el polvo con barrido húmedo solo con agua.

2. En caso de aparición de manchas, eliminar con rejilla húmeda o lana de acero fina.

3. Si la superficie va cogiendo mucha suciedad emplear para el fregado detergente neutro sin residuo.

4. Si empleamos captapolvo, elegiremos uno que no deje aspecto grasiento.

— *Mantenimiento periódico*: consiste en regenerar el brillo.

1. Fregar la superficie con máquina rotativa, disco rojo no abrasivo y disolución decapante.

2. Aspirar con aspiradora de líquidos.

3. Cristalizar pulverizando con cristalizador o aplicar cera según tratamiento y pasar la máquina con lana fina del número cero.

— *Limpieza a fondo*: se hará de la misma manera que el periódico, pero eliminando totalmente las capas de protección.

- **La pizarra**

Existen diversos tipos. Las arcillosas se emplean para techos y podrían emplearse para suelos si no presentan fisuras, grietas ni impurezas (pirita, calcita, carbones, etc.). Las filitas son muy lisas y satinadas, de color verde oscuro y negruzco. Existen pizarras especiales de mayor dureza que las mencionadas que se emplean para pavimentos.

La pizarra tiene una resistencia moderada, se raya con facilidad, no resiste los golpes y según el tipo puede resistir o no a los ácidos.

Es un material rugoso y su porosidad es inferior al 3%.

Es fácilmente reconocible por su color que va del negro al gris oscuro e, incluso, verdoso o azulado. Tiene una superficie con relieves similares a pequeñas olas.

La podemos encontrar en fachadas y no es aconsejable para zonas de tránsito por su baja resistencia y dificultad de mantenimiento.

Tratamiento

— *Primera limpieza*: se realizará de la misma manera que el granito. Si la superficie es lisa, emplearemos máquina rotativa con disco azul.

— *Tratamiento de protección:* aplicar en primer lugar tapaporos. Una vez seco, dar varias capas de emulsión (cera) con aplicador de cera. Y, por último, dar brillo con rotativa de media velocidad con disco rojo o beige.

— *Mantenimiento diario*: de la misma manera que el mármol.

— *Mantenimiento periódico*: de igual manera que el mármol.

— *Limpieza a fondo*: eliminar las capas de protección empleando disco marrón o azul y decapante diluido.

- **El terrazo**

Es un pavimento artificial a base de cemento y trozos de mármol pulido y cristalizado.

Es la mitad de resistente al desgaste que el granito. Se considera un pavimento friable (se desmenuza con facilidad). Si se quiere mantener brillante, no es muy recomendable para zonas de mucho tránsito. Es poroso, aunque depende del tipo de mármol y argamasa que lo compongan.

Se puede cristalizar, y aunque el brillo dura menos que en el granito, su regeneración es fácil.

Reconocer el terrazo es fácil por su aspecto exterior compuesto de pequeños trozos de mármol. Podemos hacer la prueba con un ácido y, si este hace espuma, es que se trata de terrazo.

Se araña con facilidad, aunque su recuperación es fácil.

Tratamiento

— *Primera limpieza*: de la misma manera que el mármol.

— *Tratamiento de protección*: el ideal es el cristalizado con lana de acero fina y cristalizador en poca cantidad. Podría también emplearse un tapaporos y después cera.

— *Mantenimiento diario*: barrido en húmedo o mopa con captapolvo no grasiento.

— *Mantenimiento periódico*: idéntico al mármol.

— *Limpieza a fondo*: decapado en profundidad con disco marrón y aplicación de producto cristalizador o ceras según tratamiento.

- **La cerámica**

Son muchos y diversos los productos cerámicos. Los podemos dividir en dos grandes grupos:

a) De pasta compacta: son los cocidos a más de 1200 ºC. Gres o porcelana.

b) De pasta porosa: cocidos a menos de 1200 ºC. Ladrillo, teja, loza, alfarería, etc. Menos resistentes que los de pasta compacta.

Para la aplicación de técnicas y productos de limpieza adecuados, es preciso conocer las cualidades de los más usuales. Distinguimos tres grupos básicos:

— **Barro cocido**: poroso (más del 6%), permeable y relativamente blando. Es muy absorbente. Posee colores que van del rojo claro amarillento al rojo oscuro. Presenta formas diversas.

— **Gres y plaquetas rugosas impermeables**: según la temperatura a la que han sido sometidos pueden tener de un 1% a un 0,005% de porosidad. Presenta una parte superior esmaltada que la hace impermeable y resistente a los ácidos, pero tiene el inconveniente de acumular suciedad entre las rugosidades. No resbalan por lo que se usan en zonas de tránsito. Los acabados son mates y a veces puede parecer que están sucios.

— **Gres liso y brillante**: muy duro y resistente. Impermeable y nada poroso. Las superficies se presentan lisas o rugosas, mates o con brillo.

Tratamiento

— *Primera limpieza del gres y plaquetas vitrificadas*: eliminar restos con rasqueta o máquina. Nos podemos ayudar de algún ácido asegurándonos antes de que no daña la superficie. En superficies rugosas tenemos que emplear cepillos de fibra de polipropileno, ya que el carborundo puede dañar la superficie.

— *Tratamiento de protección del gres y plaquetas vitrificadas*: no necesita, ya que no es poroso y el brillo lo da el vitrificado.

— *Mantenimiento diario del gres y plaquetas vitrificadas*: quitar el polvo y suciedad con barrido en húmedo.

— *Mantenimiento periódico del gres y plaquetas vitrificadas*: precisa una limpieza a fondo con un detergente neutro. En pequeñas superficies usaremos doble cubo y en grandes máquinas rotativa o fregadora.

— *Tratamiento de protección del barro cocido*: una vez limpio de obra, es necesario proteger adecuadamente y hacerlo impermeable. Para ello, aplicaremos un óleo hidrorrepelente. Una vez seco, podemos aplicar ceras no solubles en agua que requieren un abrillantado posterior a su aplicación mediante cepillo de cerda natural o con disco blanco o rojo. En interiores pueden aplicarse ceras acrílicas e, incluso, una última capa de cera metalizada que no precisa abrillantado.

— *Mantenimiento diario del barro cocido*: barrido en húmedo. Eliminar manchas con rejilla humedecida y, si es necesario, emplear detergente neutro. No usar lejía, amoníaco o detergente no neutro, ya que dañan el material.

— *Mantenimiento periódico del barro cocido*: si la superficie está muy sucia, fregaremos a fondo con disco rojo no abrasivo y una solución decapante diluida. Aspirar el agua sucia y, una vez seco, volver a dar una capa de cera.

— *Limpieza a fondo del barro cocido*: cuando la superficie está muy envejecida es preciso decapar totalmente con disco abrasivo fuerte y decapante en disolución más fuerte que para el mantenimiento periódico. Para abrillantar emplearemos disco marrón y, si vemos que ralla el barro, entonces emplearemos el azul. Para evitar que las juntas de cemento se dañen con el ácido, hay que humedecerlas con agua antes de iniciar el tratamiento de decapado.

- **El PVC**

Se compone principalmente de cloruro de vinilo polimerizado y modificantes como los plastificantes (le dan flexibilidad), el caucho (proporcionan suavidad e insonorización al material), la malla y fibras de vidrio, y el carborundo, corindón y cuarzo molido que le dan resistencia al desgaste y evitan los deslizamientos y antiestáticos.

Es un material muy resistente al uso, impermeable al agua y flexible, lo que hace que sea ideal para colocar en lugares donde haya riesgos de caídas. Carece de brillo y con el tiempo y el desgaste se vuelve mate y poroso, aunque puede ser tratado.

Algunos PVC pueden tener poder bacteriostático y mayor flexibilidad.

Son muy sensibles a los disolventes orgánicos, colorantes, ceras y alquitrán, y poco sensibles a los productos alcalinos. Resisten a los ácidos y al agua. Se queman con facilidad.

Podemos encontrarlo de una sola capa o de varias según las características que nos convengan. Se emplea mucho en residencias de ancianos, guarderías, cocinas, quirófanos, piscinas cubiertas, etcétera.

Tratamiento

— *Primera limpieza:* eliminar restos de obra rascando en los lugares que no llegue la máquina. Si es preciso emplear decapante de ceras. Una vez retirados los pegotes y manchas pasar la máquina rotativa con disco abrasivo rojo. Eliminar la protección que trae de fábrica con detergente.

— *Tratamiento de protección*: aplicar emulsión metalizada con aplicador de cera para cerrar los poros.

— *Mantenimiento diario*: barrido en húmedo. Eliminar manchas con rejilla humedecida y, si es preciso, usar detergente neutro.

— Mantenimiento periódico: fregar con máquina rotativa, disco rojo no agresivo y solución decapante diluida. Aspirar el agua sucia con aspirador de líquidos. Una vez seco, aplicar una capa de emulsión y, cuando haya secado, una segunda capa.

Existen dos métodos muy empleados en el mantenimiento periódico de este tipo de pavimentos que son el espray y el bruñido.

a) El espray consiste en pulverizar el pavimento con una emulsión compuesta de detergente, disolvente y ceras abrillantadoras. Extender con máquina rotativa de media a alta velocidad y disco que no arañe.

b) El bruñido se realiza sin aplicación de productos y consiste en regenerar el brillo utilizando máquina rotativa de ultra alta velocidad.

— *Limpieza a fondo*: decapar con rotativa y disco fuerte marrón, producto decapante y agua templada hasta eliminar todas las capas.

- **El linóleo**

Es un material compuesto de virutas de corcho, aceite de linaza y tejido de yute.

Es sensible al desgaste y a los golpes y resistente al calor. Es impermeable y carece de brillo si no es tratado. Tiene poder bacteriostático y aísla del ruido. Es insensible a los disolventes y sensible a los productos alcalinos que le hacen amarillear y cuartearse. Son poco sensibles a los ácidos. Por ser un material blando, se usa en lugares de riesgo de caídas.

Actualmente es un material en desuso.

Tratamiento

Igual al PVC.

- **Resina acrílica**

  Existen muchas variantes y clases en el mercado. La resina acrílica (de carga mineral) se ha puesto de moda, debido a sus ventajas frente a otros materiales, en la fabricación de platos de ducha. Pueden tener acabados de gel *coat* (es el mejor) o pintura epoxi. Son resistentes, cálidas, antideslizantes, antibacterianas y fáciles de mantener.

  Para su limpieza diaria basta con aclarar después de la ducha y ventilar bien.

  Para el mantenimiento periódico usaremos estropajo blanco y cualquier limpiador de baño. No usar estropajos abrasivos. Dependiendo de la calidad de la resina y el acabado y, aunque hay resinas acrílicas que dicen ser resistentes a cualquier producto, se aconseja no usar disolventes ni ácidos.

- **El caucho**

  Se conoce como goma y se obtiene del látex o savia lechosa de algunos árboles tropicales. Lleva un proceso de vulcanizado que le da resistencia y elasticidad.

  Es resistente al agua, los productos ácidos y los alcalinos débiles. Es muy sensible a los disolventes. Tiene buena resistencia al desgaste, no desliza y tiene poder de aislamiento térmico y sonoro. Es sensible al calor y a los productos alcalinos fuertes.

  Tratamiento

  — *Primera limpieza*: lo primero que hay que hacer es eliminar las grasas, silicona y óxido de zinc que trae el producto de fábrica. Para ello, y si la superficie tiene relieve, emplearemos un cepillo de fibra sintética duro, un detersolvente pulverizado y agua caliente. En superficies lisas se emplea disco abrasivo azul. Es preciso neutralizar y aclarar inmediatamente para evitar que se endurezca.

  — *Tratamiento de protección y mantenimiento*: similares al PVC con la diferencia que emplearemos ceras flexibles y los decapantes tienen que ser especiales para el caucho (pH menor a 10).

- **La madera**

  Existe diversidad de clases según su resistencia y color.

  La madera es rugosa; sin embargo, se comercializa lisa tras procesos de lijado.

En estado <u>natural</u> es muy porosa, por ello tiene que ser tratada para tapar los poros y evitar la acumulación de suciedad.

La <u>madera tratada</u> se comercializa de varias maneras:

a) Barnizada: el barniz es una disolución de aceites o sustancias resinosas en un disolvente. Puede ser natural o artificial. Protege la madera de agentes externos. El acabado puede ser brillante, mate o satinado, y puede tener diversos colores.

Clases de barnices:

1. Natural goma laca: se aplica en acabados naturales.

2. De poliuretano: es muy resistente y proporciona a la madera un acabado duro, vítreo y brillante. Es común en parqués.

3. Acrílico: proporcionan un tacto muy sedoso. No amarillea con el tiempo, aunque es menos resistente que el de poliuretano.

4. Nitrocelulósico: da un acabado suave y transparente a la madera similar a los naturales.

5. Poliacrílico o poliéster: cubren bastante la madera. Se usa cuando necesitamos cerrar bien los poros.

b) Pintada: proporciona una película opaca a la madera que la protege y además decora. En el mercado existen multitud de pinturas al agua o al disolvente en acabados brillantes o mates.

c) Lacada: es el tratamiento más resistente de todos. El acabado es muy brillante. Es resistente al agua, aunque cuando envejece resulta quebradizo.

Cualidades de la madera

Absorbe el agua y es muy sensible a la esta. Se hincha con facilidad en ambientes húmedos.

Es un material relativamente resistente dependiendo del tipo de madera, el lugar donde se encuentre situado y los tratamientos y cuidados que se le apliquen. Se raya con facilidad. Le atacan los hongos e insectos (carcoma, termita, etc.). Es un buen aislante térmico. Arde con facilidad. La madera virgen es insensible a los disolventes, sin embargo, cuando se encuentra barnizada su sensibilidad es alta.

Tratamiento y limpieza de la madera natural

La madera es un material muy sensible; por ello, si deseamos un aspecto natural, necesita un tratamiento que la haga más duradera y la prevenga de todos los agentes que la pueden afectar.

Para el tratamiento protector podemos utilizar los siguientes productos y procedimientos:

1. Aplicación de goma laca: la goma laca es una resina de origen natural (insecto). Se presenta en diversos colores y estados (escamas, barritas o diluidas). Para el pulimentado inicial mezclaremos dos partes de alcohol de 96 grados y una de escamas goma laca. Para terminaciones, la proporción es 3:1. El preparado estará listo en veinticuatro horas. Aplicar con pincel o muñequilla siguiendo siempre la veta de la madera. Las capas deben aplicarse de manera continuada.

2. Aplicar barniz artesanal: se diluye una parte de aceite de linaza cocido, una parte de barniz Dammar denso y seis partes de aguarrás o trementina; se calienta la mezcla al baño maría y se aplicar con brocha. Una aplicación más fácil, ya que la anterior tiene sus complicaciones, es mezclar aceite de linaza (30%) y aguarrás (70%), remover y aplicar. Se pueden añadir ceras.

Podemos proteger la madera con ceras aplicando estas con muñequilla o trapo. Sacar brillo frotando con trapo o máquina rotativa.

Para la limpieza de madera ya tratada, simplemente quitaremos el polvo con una bayeta que no suelte pelusa.

Si es preciso realizar una limpieza más profunda, hay que tener en cuenta que ciertos productos afectan al tratamiento aplicado, así el alcohol, el ácido acético, el amoníaco y el bórax dañan la goma laca. La sosa ataca la cera y el aceite de linaza. Los disolventes dañan el esmalte y el aguarrás disuelve el barniz.

Tratamiento del parqué

— *Primera limpieza*: tiene que ser realizado por personal especializado. Consiste en lijar, aspirar y aplicar barniz de poliuretano.

Otro tipo de procedimiento para maderas antiguas y que podemos realizar nosotros mismos es el encerado, que consiste en aplicar ceras líquidas o sólidas no grasientas y abrillantar con máquina rotativa.

— *Mantenimiento diario:* consiste en desempolvar con mopa o aspirador. Si estuviera algo sucia, proceder a un barrido húmedo con producto neutro y sin dejar restos de humedad.

— *Mantenimiento periódico*: es preciso regenerar el brillo. En el caso de barnices, fregar con agua y producto neutro especial para maderas. Una vez seco, aplicar cera blanda abrillantable. En el caso de suelos encerados, no se pueden mojar, aplicar disolvente y encerar de nuevo.

Tratamiento de mobiliario tratado

Los muebles de madera barnizada tienen que ser limpiados con productos adecuados y especiales. Los productos que contienen disolventes están prohibidos. Para aplicar limpiamuebles pulverizar el paño, esperar unos minutos a que empape y aplicar en sentido de la veta. Abrillantar con paño suave frotando.

Los muebles pintados no pueden ser tratados con desengrasantes ni decapantes.

Los muebles lacados no pueden ser tratados con disolventes. Limpiar con trapo humedecido y limpiador jabonoso.

La limpieza a fondo de este tipo de muebles requiere la eliminación de las capas de barniz, pintura o cera mediante lijado y aplicación de un tratamiento posterior.

- **Superficies textiles**

  Son silenciosas, cálidas, económicas y fáciles de mantener si tenemos algunas precauciones. Resisten al uso.

  Pueden ser de fibras naturales (animales o vegetales) o artificiales o sintéticas.

  a) *Fibras naturales animales*

     Se trata de la lana y del pelo de animales. Su principal componente es la queratina (proteína dura). Se emplean en moquetas y alfombras de calidad.

     Cualidades:

     — Tienen poca electricidad estática por lo que apenas retienen el polvo.

     — El agua por encima de los 35 ºC las apelmaza.

     — Absorben el agua hasta un 40%.

     — Son atacadas por insectos (polillas) y el moho.

— Son resistentes a los ácidos débiles y a los disolventes.

— Son muy sensibles a los productos alcalinos y la lejía.

La lana

Es el pelo de las ovejas y otros animales.

Al humedecerse se contrae, de ahí que encoje al lavarse, sobre todo si superamos los 40°C.

Tiene poca resistencia a los productos alcalinos con un pH superior a 8. Resiste mejor a los ácidos.

b) *Fibras naturales vegetales*

Su componente principal es la celulosa que es insoluble en agua, aunque la absorbe.

Se emplean en pavimentos, paramentos y muebles. En ocasiones las encontramos en tapices y alfombras de lujo.

Cualidades:

— Absorben hasta un 35% de su peso en agua.

— Son resistentes a los productos alcalinos y disolventes, excepto el lino.

— Son sensibles a los ácidos concentrados, a la lejía y a los oxidantes.

— Crecen con la humedad produciéndose deformaciones.

— La suciedad se adhiere a ellas, ya que su superficie es irregular.

— Se utilizan para base de alfombras y como esterilla.

c) *Fibras artificiales*

Son las producidas a partir de una materia prima natural (celulosa o proteína) a la que se le ha aplicado un tratamiento químico. La fibra artificial celulósica más común es el rayón.

Cualidades:

Muy similares a las fibras naturales.

d) *Fibras sintéticas*

Son las que provienen de productos derivados del petróleo.

Las primeras que se fabricaron fueron las de poliamida, siendo el nailon el más común. Existen muchas variedades como el poliéster, las acrílicas, etcétera.

Las de polipropileno son las más adecuadas para baños y zonas húmedas por no retener la humedad y no ser atacadas por mohos.

Cualidades:

— Tienen una gran resistencia a los agentes externos.

— Son de fácil mantenimiento y poco higroscópicas (resultan calientes en verano y frías en invierno).

— Al pisarlas recuperan bien su forma original.

— No les atacan los insectos y mohos.

— Mantienen la electricidad estática por lo que se les pega más el polvo.

Según las cualidades (resistencia, calidez, etc.) que busquemos en cada tipo de fibra, podemos encontrar diversas mezclas en los tejidos. El porcentaje de cada una de ellas tiene que ser como mínimo del 15% para que sus propiedades se vean reflejadas en el tejido. Así, por ejemplo, si lo que buscamos es suavidad y mullido, elegiremos un tejido con mayor proporción de lana. La fibra sintética, sin embargo, es más elástica, resiste mejor el desgaste y recupera con facilidad las presiones ejercidas. Una moqueta compuesta de 25% de nailon y 75% de lana es más sólida, dura más aunque sea menos suave que si fuera 100% de lana.

Las moquetas

Son las que más se usan para recubrir los pavimentos. A mayor uso o tránsito debe elegirse un modelo más denso.

Están compuestas de tres partes fundamentales:

a) *Capa inferior*: es la que está en contacto con el suelo. Da estabilidad y consistencia a la moqueta. Puede estar hecha de esponja y/o caucho sintético que le dan confort. El caucho sintético es un aislante acústico e ignífugo. Es impermeable al agua.

b) *Soporte*: es el entramado al que van fijadas las fibras. Suele estar hecho de yute el cual se deteriora con facilidad y puede desteñir si se humedece.

El soporte y la capa de consistencia forman la base de la moqueta que es donde más se acumula la suciedad.

c) *Pila*: es la última capa y está compuesta de fibras que se presentan de distintas formas, bucle, bucle *multilevel,* pelo cortado, *plush, saxony* y *frizzé.*

Tipos de moquetas según su fabricación.

1. Tejidas: realizadas en telares entrelazando los hilos para formar la pila. La pila puede dejarse en forma de bucle o de hilos cortados. Para moquetas este tipo de técnica resulta caro.

   a) De nudos o anudadas: es la técnica clásica que consiste en ir haciendo nudos sobre el soporte. Su coste es muy elevado.

   b) Con mechones: es el tipo más corriente y la opción más económica. Se fabrica insertando el pelo con aguja en una base pretejida hecha de yute y látex.

2. No tejidas (*tufted* o *tufting,* punzonados): mediante una técnica sofisticada se consigue que las fibras se adhieran al soporte quedando una pila compacta, apretada y de pelo corto. Tienen una buena resistencia al roce.

Tratamiento

— *Mantenimiento diario*: el aspirado es la opción más adecuada. Es importante eliminar cualquier mancha para que no se fije; para ello, pulverizaremos la mancha con espray especial quitamanchas, lo dejaremos secar y aspiraremos. Si hubiera derrames de líquidos, absorberemos inmediatamente con papel o trapo. Los restos sólidos pegados se pueden rascar con el canto de un cuchillo plano de acero inoxidable o similar.

— *Mantenimiento periódico*: las moquetas acumulan suciedad sobre la base, sufren continuos roces y además pueden aparecer manchas. Lo primero es aspirar bien con una cepilladora-aspiradora y posteriormente utilizaremos una máquina especial para limpiar textiles, como se explica en la técnica de limpieza.

• **Los metales**

Son aquellos que se encuentran en forma de tiradores, picaportes, pomos, marcos, lámparas, adornos, placas, etcétera.

Los metales más comunes en decoración y construcción son:

a) Acero inoxidable: es bastante resistente a la corrosión. Está compuesto de níquel, carbono, hierro y cromo. Es de color gris claro y tiene mucho brillo cuando está pulido. Resiste el lavado en máquina lavavajillas quedando muy brillante y sin marcas.

b) Aluminio: de color algo más oscuro que la plata, aunque se puede encontrar en muchos colores. Con el tiempo pierde brillo.

c) Bronce: aleación de cobre y estaño. Tiene color dorado-amarillento. Se oxida con facilidad.

d) Cobre: es de color rojo y con la oxidación se mancha de cardenillo o verdín, que es venenoso.

e) Latón: aleación ce cobre y zinc, de color dorado-rojizo.

f) Plata: es de color blanco y oscurece con la oxidación.

Características de los metales

Dependiendo del metal, son más o menos resistentes.

Les atacan el dióxido de carbono y los ácidos.

No tienen porosidades, ya que se presentan pulidos.

Presentan bastante brillo si están limpios y pulidos, aunque algunos se oxidan rápidamente perdiendo brillo y presentando manchas.

Son conductores de la electricidad.

Tratamiento de los metales

— *Primera limpieza*: simplemente pasaremos un trapo suave o gamuza. En el caso del aluminio o acero inoxidable que se encuentra en ventanas, lo primero es eliminar los restos de obra y pintura con una cuchilla. Posteriormente fregar con jabón neutro. Si quedan velos, eliminar con lana de acero del número 000. No usar nunca estropajos abrasivos. En el aluminio de color no se pueden usar abrasivos. Podemos aplicar algún protector específico para cada tipo de metal en forma de espray.

— *Mantenimiento diario*: simplemente eliminaremos el polvo con gamuza sacando brillo. Si encontramos huellas en pomos o ventanas, podemos aplicar algún limpiametales especial.

— *Mantenimiento periódico*: depende del grado de suciedad del metal.

En superficies exteriores aplicar el mismo procedimiento que en la limpieza de cristales. Para los distintos materiales que se exponen a continuación:

— Acero inoxidable: fregar bien con lavavajillas manual frotando con rejilla o estropajo blando. Existen en el mercado productos específicos en forma de polvo que eliminan la suciedad y pulen el acero sin rallarlo en exceso.

— Aluminio: frotar con lana de acero y lavavajillas manual. Aclarar con agua fría.

— Cobre: frotar con un estropajo suave y una mezcla de sal gorda, vinagre blanco y pimentón. Aclarar y secar muy bien.

— Latón: frotar con una disolución de sal gorda, vinagre blanco y un poco de agua. Aclarar y secar bien sacando brillo.

— Plata: introducir en líquido limpiaplata, secar y frotar inmediatamente. Para el pulido de plata existen gamuzas especiales.

- **El cuero**

Solemos encontrarlo en tapizados y alfombras.

Se reseca y agrieta si no lo tratamos adecuadamente. Es muy sensible al agua, a las manchas de grasa y a los productos químicos.

— *Mantenimiento diario*: retirar el polvo con gamuza. Si existen manchas, pasar un paño muy escurrido y aplicar algún producto especial para cuero, secar y frotar con gamuza suave.

B) Aplicación de técnicas de limpieza

A continuación vamos a explicar las técnicas usuales en limpieza.

- **Aspirado**

Consiste en succionar con una máquina (aspirador) cualquier sustancia o partícula depositada en una superficie. Es el mejor sistema, ya que al limpiar no se levanta polvo. Puede llevarse a cabo tanto en interiores como en exteriores.

Existe diversidad de modelos de aspiradores en el mercado. Lo importante es elegir uno fácil de manejar y con la potencia suficiente para eliminar la suciedad de una sola pasada. Para superficies de menos de 150 metros cuadrados usaremos aspiradores de 4 a 6 litros de capacidad de depósito y una potencia de 850 vatios. Para superficies mayores de 150 metros cuadrados son aconsejables los de 10 a 15 litros y una potencia de 1000 a 2000 vatios.

En el aspirado de líquidos es imprescindible un aspirador especial (turboaspiradoras) con elevado poder de depresión.

Durante el manejo de la máquina tendremos las siguientes precauciones:

— No sobrecargar la bolsa o contenedor.

— Vigilar que el filtro esté limpio.

— No tirar del cable bruscamente.

— Cuidado de no aspirar elementos cortantes o con punta, y todos aquellos que por su tamaño puedan obstruir la boquilla o el tubo.

— Emplear el accesorio adecuado: rectangular superficie lisa para alfombras, rectangular con cerdas para superficies planas, boquillas para rincones (plana) o tapicerías (redonda), combi dos posiciones o turbo.

Aspirado de superficies planas: empezar en un punto lo más alejado de la puerta de salida. Colocarse a una distancia que podamos acceder bien con la manguera y comenzar la succión de adelante hacia atrás en forma de W. Una vez hayamos terminado un recorrido, dar unos pasos hacia atrás y comenzar el proceso de nuevo. En alfombras o moquetas la aspiración se realizará levantando el pelo del tejido; si no nos es posible, hay que peinar la superficie al terminar de aspirar.

- **Barrido**

  Es el proceso por el cual eliminamos la suciedad no adherida a los suelos.

  Existen dos tipos de barrido:

  a) *En seco*: consiste en arrastrar la suciedad con un cepillo o escoba hacia un punto, agrupándola en montones y recogiéndola posteriormente. El proceso se realizará de izquierda a derecha, o viceversa, y formando arcos para ir haciendo pequeños montones que recogeremos inmediatamente. Este método tiene el inconveniente de que remueve el polvo y las esquinas o rincones suelen acumular restos.

  Para realizar el *barrido manual en seco,* debemos elegir la escoba o cepillo más adecuados. La elección de la fibra de la que está fabricado el cepillo o escoba depende de la superficie y el residuo que se va a barrer. Así, por ejemplo, para barrido de hojas o superficies con restos sólidos elegiremos una de fibra larga y rígida que se recupere con elasticidad, mientras que para el barrido de superficies que solo contienen polvo las más adecuadas son las fibras cortas que evitan que el polvo se levante. Hoy en día apenas se usan las fibras naturales (palma, mijo, etc.), siendo las sintéticas que imitan a las naturales las de mayor uso.

También es importante el recogedor que procuraremos que sea de metal, ya que es más resistente, con tapa y mango largo.

También existen máquinas barredoras o barredoras-aspiradoras que facilitan el trabajo en grandes superficies. Suelen emplearse en exteriores.

b) *En húmedo*: consiste en recoger la suciedad con una mopa impregnada en un producto específico. Realizar recorridos en bandas o líneas paralelas. Este sistema tiene la ventaja de no levantar polvo.

- Cristalizado

Es un tratamiento específico que se utiliza exclusivamente en pavimentos calcáreos, es decir, en aquellas superficies que presentan carbonato cálcico (70 a 80 %) como el mármol y las piedras calizas duras (terrazo, cerámica sin esmaltar), etcétera.

La cristalización se lleva a cabo en dos acciones, una mecánica —lijado de superficie— y una química que consiste en cerrar la porosidad del pavimento y obtener un efecto de protección y abrillantado mediante un producto cristalizador o vitrificador.

En relación con otros sistemas, tiene una mayor duración, es antideslizante, no se raya con el calzado y la calidad del brillo es de gran dureza. Su mantenimiento es fácil, aspirado y fregado en seco o húmedo con productos neutros.

El inconveniente de la cristalización es que es muy lenta, ya que requiere una exposición prolongada de la superficie con el ácido para dar tiempo a que la reacción química se produzca, además de otros pasos preparatorios y de acabado. La cristalización reduce el brillo del suelo tratado, por lo que si se requiere un acabado brillante, es necesario utilizar un procedimiento de abrasión, que normalmente se hace en mojado para evitar el polvo, seguido de un pulido, normalmente con discos diamantados (o lana metálica), que lo hace caro y pulverulento. El proceso debe realizarse por personas expertas.

Este sistema puede sustituirse por el tratamiento del suelo con capas de polímeros acrílicos, que es más ventajosa en cuanto a resultados finales.

- **Encerado**

Es un proceso por el cual se cubre una superficie con diversos tipos de cera o resina sintética para darle brillo o protegerla (se tapan poros). Según el tipo de producto empleado, la protección será más o menos dura. Este sistema puede aplicarse en superficies de madera, piedra natural, terrazo o PVC.

Procedimiento:

1º Retirar residuos sólidos: barriendo o aspirando en suelos o eliminando el polvo en muebles.

2º Limpiar en profundidad: fregado o decapado. El decapado se realiza cuando se trata de ceras envejecidas o suciedades incrustadas.

3º Aplicar la cera o resina. Existen tres sistemas:

a) A mano en el caso de muebles.

b) Con fregona.

c) Con máquina rotativa.

4º Lustrar. Si el producto es autobrillante no es preciso.

- **Fregado de suelos**

Consiste en limpiar una superficie, previamente libre de polvo y restos de basura, con ayuda de una fregona (manual) o máquina friegasuelos (mecánica).

a) *Método manual*: en primer lugar debemos preparar la superficie para limpiar, dejándola libre de residuos sólidos (aspirado o barrido). Colocar el triángulo «AVISO SUELO MOJADO» si se trata de una superficie de tránsito. Procederemos al fregado disolviendo el producto de limpieza específico en el agua. Mojar la fregona, escurrir y realizar varias pasadas (según grado de suciedad) empezando por las esquinas y desplazándonos hacia tras en forma de S. Después de cada pasada, aclarar y escurrir. Realizar recorridos en líneas paralelas dejando siempre una zona seca para facilitar el tránsito de personas.

En algunas limpiezas especiales es preciso llevar dos cubos. Esta técnica se denomina *doble cubo*. En el cubo azul añadiremos detergente-desinfectante diluido en agua y en el rojo solo agua en cantidad suficiente para que el cubo no se vuelque. Introducir el mocho en el cubo azul, escurrir en el rojo, fregar, aclarar en el cubo rojo y escurrir. Volver a introducir el mocho en el cubo azul y repetir la operación.

El inconveniente de la fregona es que con el tiempo suelen ennegrecer las juntas de las baldosas y los rincones o lugares de difícil acceso.

b) *Método mecánico*: aplicar según indicaciones. Para el fregado se puede emplear máquina fregadora o autofregadora, hidrofregadora o limpiadora de vapor.

El hidrolimpiado es una técnica que consiste en eliminar la suciedad mediante agua a presión. El agua puede estar caliente (55 °C), fría o mezclada con arena (para muros) o sustancias químicas. Por sí solo este método no elimina las suciedades incrustadas a no ser que nos ayudemos de productos químicos o calor de agua. La presión es muy fuerte; por ello, tendremos bastante cuidado en el tratamiento de algunas superficies, rodapiés o incluso paredes.

- **Limpieza de azulejos en baños**

  Son resistentes al agua, los productos ácidos y los alcalinos.

  Para su limpieza, seguiremos siempre un orden: de lo más limpio a lo más sucio y de arriba abajo en horizontal.

  Diariamente limpiar las zonas de fácil acceso con un producto desinfectante, a ser posible, de alto poder residual. Insistir en los que están próximos a los sanitarios. Emplearemos productos de baja espuma y que no dejen restos ni velos.

  Periódicamente (semanal): limpiar con bayeta humedecida en producto y usar estropajo apropiado o cepillo de raíz en las zonas donde se haya acumulado la suciedad.

- **Limpieza de cristales**

  Dependiendo de la periodicidad, del volumen de la superficie que vaya a limpiar y de la accesibilidad, emplearemos métodos diferentes.

  a) *Limpieza diaria de superficies accesibles de tipo manual*: son aquellas que requieren un repaso para retirar pequeñas manchas de dedos o marcas. Pulverizar el cristal con producto limpiacristales, frotar y secar con bayeta especial para cristales que no suelte pelusa.

b) *Limpieza periódica manual*: requieren una limpieza más profunda. Lo primero es cerciorarnos de que los cristales no tienen restos de pintura, yeso, pegamento, pegatinas, etc.; para ello, emplearemos el rascavidrios. Lo segundo consiste en diluir detergente líquido y/o amoníaco en agua, introducir esponja o mojador hasta que empape bien. Pasar la esponja por el cristal procurando no mojar el marco inferior con movimientos de abajo hacia arriba. Recoger el líquido con la regleta de una sola pasada, de arriba abajo y sin volver a atrás. Recoger y secar con una bayeta o trapo específico los restos de agua y producto que se depositan en la parte inferior de la superficie tratada. Secar la regleta antes de cada aplicación.

c) *Limpieza periódica mecánica*: para el empleo de maquinaria específica nos atendremos a las indicaciones del aparato. Hoy en día todas las máquinas limpiacristales emplean la acción del vapor de agua sin necesidad de productos químicos.

- **Limpieza de espejos**

Lo primero es retirar el polvo para que, una vez aplicado el producto, no nos queden restos. Pulverizar con producto multiusos o limpiacristales específico. Secar pasando una bayeta absorbente o bayeta específica para vidrios o papel de celulosa.

Si el espejo tiene marcos de madera, tener cuidado con el pulverizado y escurrido del producto, ya que podría dañarlos. En este caso es mejor pulverizar el producto en el trapo o bayeta y aplicar en el cristal.

- **Limpieza de mobiliario**

Dependiendo del tipo de superficie que se va a limpiar emplearemos varios métodos:

a) *Superficie lavable*: diluir producto de limpieza específico (neutro) en agua, mojar bayeta, escurrir bien, frotar ligeramente la superficie, aclarar y secar.

b) *Superficie no lavable*: aplicar producto de limpieza específico sobre bayeta suave (doblada en cuatro partes). Frotar ligeramente la superficie hasta que quede limpio y seco. Cuando la superficie de la bayeta esté sucia ir alternado las capas.

- **Limpieza de puntos de luz**

Los puntos de luz están compuestos de tres elementos básicos: elemento luminoso, pantalla reflectante y elementos decorativos.

Tratamiento

— *Limpieza diaria*: eliminar el polvo preferiblemente con plumero para no dañar el elemento. En caso necesario emplear paño humedecido. Las lámparas halógenas no se pueden humedecer ni tocar con los dedos. A la hora de limpiar el elemento luminoso aplicando bayeta hay que tener cuidado de que no esté caliente.

— *Mantenimiento periódico*: desconectar siempre de la corriente eléctrica. Procedimiento:

1. Elemento luminoso: si las bombillas se pueden mojar, retirar y pasar un paño con detergente y agua, secar bien. En el caso de halógenas, retirar con papel de celulosa para que al aplicar la limpieza del resto de elementos no se dañen.

2. Pantallas reflectantes: si se pueden mojar y retirar, las introduciremos en agua jabonosa para limpiar bien, pasar una bayeta y secar. Si no se pueden mojar, aplicar algún limpiador específico. En caso de metales, aplicar alcohol con un paño, secar y abrillantar.

3. Protectores: desmontar y proceder de la misma manera que las pantallas. Escurrir, secar y volver a colocar.

- **Limpieza de sanitarios**

  El fregado de sanitarios de aseos y baños requiere una limpieza que desinfecte y a la vez desincruste.

  En el proceso de limpieza de sanitarios encontramos dos tipos de suciedades distintas:

  1. Grasa: procedente de las partículas que el cuerpo humano desprende. Se elimina con agua y detergente alcalino.

  2. Mineral: procedente de las impurezas del agua, del polvo, etc. Se elimina con agua y productos ácidos tipo antisarro o desincrustante.

  En primer lugar, eliminaremos la suciedad de grasa y posteriormente la de mineral, ya que el producto de limpieza ácido necesita penetrar bien en la suciedad mineral sin que la grasa lo obstaculice.

  No mezclar nunca productos ácidos con alcalinos, ni lejía con amoníaco.

  Para la limpieza de sanitarios emplearemos productos de limpieza amoniacados o clorados. Los desinfectantes más usados son los tensioactivos catiónicos (amonio cuaternario).

El procedimiento consiste en rociar el elemento que se va a limpiar (baño, inodoro, bidé, lavabo), con el producto específico desinfectante, dejar actuar el tiempo preciso (unos cinco o diez minutos), frotar con estropajo (parte interior inodoro con escobilla), aclarar con bayeta y secar. Podemos combinar periódicamente el desinfectante con un desinfectante de WC puro que sea de larga duración. Este producto elimina la suciedad, oxidaciones, la cal y los malos olores.

Procedimiento limpieza del inodoro:

Eliminar la suciedad grosera dejando correr el agua a la vez que restregamos con la escobilla.

Pulverizar con un producto alcalino viscoso (para que actúe mejor). Dejar actuar unos minutos. Mientras tanto, limpiar el resto de sanitarios.

Limpiar el interior con escobilla insistiendo en el reborde interior. El exterior y azulejos de detrás del inodoro los limpiaremos con un estropajo no abrasivo humedecido en detergente.

Aclarar con bayeta de uso exclusivo para el inodoro (por ejemplo, de color rojo) humedecida en desinfectante. Secar.

Procedimiento limpieza del bidé:

De la misma manera que el inodoro sin usar la escobilla. Utilizaremos el mismo estropajo y bayeta que para el inodoro.

Procedimiento de limpieza de lavabo, ducha y bañera:

Se limpian antes que el inodoro y bidé, ya que en estos se tiene que dejar actuar el producto.

Eliminar la suciedad con estropajo blanco no abrasivo humedecido en solución detergente. Aclarar con bayeta (por ejemplo, amarilla) humedecida en desinfectante.

Tener cuidado con la grifería, ya que se raya con facilidad. Secar muy bien para sacar brillo utilizando trapo o bayeta absorbente o papel de celulosa.

Al menos una vez por semana hay que limpiarlos de manera profunda para eliminar el sarro. Usaremos un detergente ácido débil diluido si el agua es blanda o un antisarro o detergente algo más concentrado si el agua es dura, teniendo cuidado de no dañar los cromados y las superficies calcáreas (mármol).

Procedimiento de limpieza de complementos en baños (portarrollos, jaboneras, portatoallas, papelera, etcétera):

Limpiar con un detergente-desinfectante aplicado con bayeta humedecida (por ejemplo, verde). Si es preciso, emplear estropajo blanco siempre y cuando no sean metálicos. En el caso de que sean cromados, se pueden limpiar con limpiacristales o alcohol y secar inmediatamente frotando con paño suave para sacar brillo.

- **Limpieza de aseos en hospitales**

Es muy importante la desinfección. Emplearemos el sistema de colores en el uso de cubos y bayetas para evitar contaminaciones cruzadas. El procedimiento es el mismo que hemos explicado anteriormente. Para el fregado de suelos se aplicará el sistema de doble cubo.

- **Limpieza de salidas de aire acondicionado**

El polvo y suciedad se acumulan en ellas siendo antiestético e insalubre. Su acceso es difícil.

El mantenimiento diario consiste en pasar el aspirador.

La limpieza periódica se hará desmontando la rejilla e introduciéndola en agua con disolución alcalina, limpiar bien con un cepillo o brocha, aclarar, secar y volver a colocar.

- **Limpieza de pantallas de TV y ordenadores**

Las pantallas de TV clásicas se limpiaran igual que los cristales.

Las de LCD, plasma o LED se limpian simplemente con una bayeta de microfibra sin friccionar para evitar que se rayen. Si tuvieran manchas, humedecer la bayeta en agua destilada y pasar con mucho cuidado en líneas verticales empezando por la parte superior. Secar con papel absorbente.

Nunca pulverizar líquidos.

- **Limpieza de textiles**

Se refiere a la limpieza de moquetas, alfombras y muebles tapizados.

Puede realizarse con máquina rotativa, champuneadora, inyectora-extractora o máquina de microesponjas.

Puede ser de dos tipos:

a) *Manual*: emplearemos limpiadores de espuma a base de agua, champús especiales o disolventes suaves.

Procedimiento de limpieza de muebles tapizados: retirar todos los elementos que sean desmontables (cojines, reposacabezas, etc.), aspirar, rociar con la espuma o champú, frotar en forma circular con una esponja húmeda, dejar secar y volver a aspirar. Trabajar siempre por secciones y, antes de comenzar a aplicar el producto, realizar una prueba para comprobar la compatibilidad del producto con el tejido.

b) *Mecánica*: mediante la acción de cualquier máquina especial.

El mejor método es el de inyección-extracción, ya que no frota las fibras. El procedimiento consiste siempre en aspirar primero, pasar la máquina según hemos explicado en su funcionamiento trabajando siempre por secciones. Realizar pasadas trabajando en trazos paralelos empezando por una esquina y hacia atrás. Puede aplicarse tanto en suelos como en muebles tapizados.

Si trabajamos con champuneadora, la manera de realizar las pasadas será en el sentido de la caída del pelo. Nos situaremos en una esquina con espacio suficiente para movernos lentamente de forma recta. Trabajaremos por secciones. El procedimiento completo se ha explicado en el manejo de la máquina.

C) Procedimiento completo de limpieza de habitaciones

Vamos a distinguir el procedimiento de limpieza de habitaciones en hospitales y en establecimientos hoteleros, ya que, por las peculiaridades de cada uno de ellos, el tratamiento es distinto.

a) Procedimiento de limpieza de habitaciones en hospitales

1) Empezamos por el baño, preparando el inodoro según hemos indicado en las técnicas de limpieza, dejando actuar el producto desinfectante. Pulverizar el resto de sanitarios con producto detergente-desinfectante.

2) Mientras tanto, limpiar la habitación llevando un orden preestablecido que puede ser de derecha a izquierda o desde el fondo a la salida, comenzando siempre por las partes altas hacia las bajas. Desempolvar en húmedo. Pasar una bayeta húmeda por cercos de ventanas y puertas, mobiliario, enseres, etc. Desinfectar con bayeta distinta el pomo de la puerta, el teléfono y las paredes donde se vean salpicaduras. Limpiar cristales y ventanas, y secar.

3) Recoger la papelera, si hubiera, en la habitación y depositar la basura en el carro.

4) Realizar el barrido en húmedo desde el fondo hacia afuera.

5) Volver al baño.

6) Vaciar y limpiar la papelera con cuidado de no comprimir la bolsa para evitar accidentes.

7) Limpiar con cubo y bayeta verde y solución desinfectante la mampara, los azulejos por la línea superior a los sanitarios, puerta, picaporte rejillas, interruptor, ventanas y complementos.

8) Secar la mampara y ventana con paño que no deje pelusas o papel de celulosa.

9) Limpiar el espejo y secar.

10) Limpiar con estropajo blanco el lavabo, la grifería y los alrededores, aclarar con bayeta en desinfectante y secar.

11) Cambiar el agua y desinfectante y limpiar la ducha y los azulejos.

12) Limpiar el bidé, si hubiera, con bayeta y cubo rojos.

13) Limpiar el inodoro con cubo y bayeta rojos como se ha indicado en la técnica de limpieza.

14) Reponer el papel y el jabón.

15) Fregar el suelo con doble cubo desde el fondo hacia la puerta empezando por las esquinas y después en forma de S por el centro.

b) Procedimiento de limpieza de habitaciones en establecimientos hoteleros

La limpieza de habitaciones en establecimientos hoteleros difiere de unos a otros, aunque las técnicas son similares. Por un lado, hay que distinguir entre habitaciones ocupadas y de salida. La limpieza de ambos tipos es muy similar con la única distinción de que la habitación de salida debe quedar como si el cliente que la va a ocupar la estrenara.

Explicaremos el proceso detallado de limpieza de una habitación de salida por ser más completo. En una habitación ocupada nos podemos encontrar enseres de los clientes que nos dificultan la labor. Nunca se tocan los objetos personales de los clientes ni se abren cajones y armarios. Si para proceder a la limpieza tenemos que retirarlos, lo haremos con mucho cuidado volviéndolos a colocar en el sitio en que los encontramos. En caso de encontrarse en el suelo, los colocaremos con mucho cuidado encima de una silla, bien doblados si se trata de ropa. La limpieza será más superficial, al menos que el cliente lleve tiempo alojado. El cambio de ropa de baño y cama se hará según estándares de calidad del establecimiento.

La limpieza de una habitación ocupada puede llevarnos más tiempo que una de salida, todo depende de su estado.

Vamos a explicar el procedimiento detallado de limpieza de una habitación de salida en el cuadro que se refleja a continuación.

Cuadro 2.5. Explicación detallada del proceso de limpieza de una habitación de salida.

1º PREPARACIÓN DE LA LIMPIEZA
• Dejar el carro y los útiles de limpieza adosados al pasillo, cerca de la habitación, sin obstruir el paso. **Observación:** El estándar del establecimiento podría marcar lo contrario, es decir, trabajar con puerta cerrada y carro colocado en puerta de habitación obstruyendo el paso a esta. • Comprobar mediante la hoja de control que la habitación es una salida. • Llamar a la puerta con los nudillos (no con llaves u otro objeto), preguntando a la vez si se puede pasar según fórmulas de cortesía del establecimiento. • Comprobar que es una salida efectiva.
DENTRO DE LA HABITACIÓN: • Desconectar el aire acondicionado si estuviese funcionando. • Abrir ventanas (si hay ceniceros, vaciar antes) y hacer una revisión completa y rápida comprobando que el cliente no ha olvidado ninguna de sus pertenencias. Armarios, cajones, terraza, cuarto de baño, etc. Ventilación mínima diez minutos, aconsejable llegar a veinte minutos. • Retirar si hubiese cualquier tipo de material, de comida o bebida, incluidos los envases del minibar si procede, llevando al carro u *office* (según procedimiento establecido, teniendo en cuenta el tiempo destinado en los desplazamientos), aquel que no pertenezca a la habitación. Depositar los vasos de minibar en el baño si se limpian en la habitación. • Vaciar en la bolsa o cubo de basura las papeleras. Antes mirar si en las papeleras hay algún objeto que aparentemente no sea desecho y haya caído dentro involuntariamente. No introducir las manos para evitar accidentes. Introducir útiles de limpieza en la habitación, aprovechando los desplazamientos al carro. • Colocar la papelera con bolsa de basura transparente a la derecha del escritorio y la del baño dentro de este. • Retirar toda la ropa de cama (con cuidado de que no queden objetos del cliente ocultos en ella) y ropa de baño sucia, depositándola en el saco de lona o carro destinado a tal uso. Tomar la ropa de cama y baño limpia del carro y depositarla en la habitación. • Detectar posibles averías (luces, TV, teléfono, cortinas, etcétera).

2º HACER LA CAMA

A continuación, vamos a explicar la forma de hacer una cama de *forma tradicional*. La cama siempre ha sido la pieza principal de la habitación y era lo primero que se hacía. Hoy en día y tras el COVID-19 en muchos establecimientos se ha cambiado el orden de procedimiento para evitar contaminaciones cruzadas colocando la ropa limpia, lo que incluye hacer la cama tras la limpieza total de la habitación. Cada establecimiento valorará el orden que se debe seguir.

- **Material**: funda de colchón, cubre, sábana bajera, sábana encimera, manta (o nórdico), colcha de noche (blanca), colcha de día (decorativa) y funda de almohada.

1. Comprobar que la funda del colchón (si la hubiera) y el cubre están limpios y bien estirados. Cambiar si procede.

2. Extender la sábana bajera *del derecho*, centrando los dobleces que se han marcado al doblarla en el planchero.

3. Rematar las dos esquinas de un lado.

4. Remeter toda la sábana por ese lado.

5. Tirar bien de la sábana alisando las posibles arrugas.

6. Rematar las otras dos esquinas del otro lado.

7. Remeter toda la sábana debajo del colchón.

8. Extender la sábana encimera sobre la cama, *del revés*.

9. Calcular el tamaño del embozo guiándose por el doblez horizontal hecho en el planchero con una medida aproximada de 40 a 45 centímetros de ancho. El embozo quedará a unos 10 o 20 centímetros (según procedimiento) de distancia entre la parte superior de la cama y el comienzo de esta. No arrugar con las manos el embozo.

10. Centrar el anagrama que también estará enmarcado por los dobleces verticales.

11. Hacer las esquinas correspondientes a los pies de la cama.

12. Extender la manta o relleno nórdico llevándola a la altura conveniente por la parte superior. Bastante alta.

13. Extender la colcha de noche (blanca) dejándola a la misma altura que la manta por la parte superior y centrándola verticalmente con el colchón guiándose por el doblez central de la plancha.

    Observación: Si la cama no lleva colcha de día, la de noche se dejará un poco más alta para luego remeter y proteger así el borde superior del edredón o manta.

14. Rematar las esquinas inferiores con la manta y colcha al mismo tiempo.

15. Doblar el embozo sobre la colcha y remeter los laterales hasta conseguir un efecto de caja.

16. Poner la funda limpia en la almohada dejando la costura en la parte de arriba.

17. Extender el cubrecama o colcha de día doblado horizontalmente sobre la mitad de la cama hacia abajo colocando esquinas y caídas. Hoy en día esta pieza se está sustituyendo por el *plaid* o tartán, ya que ahorra tiempos y costes y de alguna manera viste la cama dándole un tono de color.

2º HACER LA CAMA

18. Colocar la almohada sobre este doblez con el anagrama boca abajo cogiéndola por las costuras o bien colocarla con el anagrama sobre la parte superior de la cama.

19. Dar la vuelta al doblez de la colcha dejando la almohada envuelta dentro.

20. Alisar la colcha.

3º LIMPIEZA CUARTO BAÑO

1º PREPARACIÓN

- El procedimiento siempre será de limpio a sucio.

- Descargar la cisterna y dejar correr el agua restregando interiormente con la escobilla insistiendo en el reborde interior del asiento, eliminando la suciedad que pudiera encontrase. Rociar con producto desinfectante y dejar actuar.

- Sacudir y secar hacia abajo las cortinas de la ducha si las hubiera.

- Retirar todos los *amenities* de la encimera para dejarla libre de objetos.

- Limpiar vasos y secarlos con paño específico. Precintarlos con cuidado. Si es posible, contaremos con vasos limpios lavados previamente en lavavajillas y precintados que se cambiarán por los sucios mejorando así la higiene.

- Limpiar ceniceros y papelera del baño. Colocar bolsa de basura en la papelera.

- Rociar el resto de los sanitarios con detergente desinfectante y dejar actuar.

2º LIMPIEZA DE SANITARIOS

Limpieza del lavabo:

- Fregar con estropajo blanco humedecido en producto detergente el interior, exterior, tapón, grifería, insistiendo en el sumidero y rebosadero.

- Fregar encimera y azulejos próximos al lavabo.

- Aclarar y secar sacando brillo a los cromados.

- Limpiar espejos.

Limpieza de la bañera:

- Retirar cortinas si las hubiere para que no estorben ni se manchen.

- Fregar con estropajo blanco no abrasivo toda la superficie interior.

- Fregar jaboneras por encima y debajo, grifos, desagües, frontales y baldosines, y brazo de ducha comprobando su funcionamiento.

- Aclarar con bayeta de uso exclusivo y distinta a la del inodoro y bidé humedecida en desinfectante. Secar y dar brillo insistiendo en el perfecto acabado de la grifería.

- Comprobar que no quedan restos de detergente, grasa y/o pelos.

- Colocar tapón sin enroscar en forma de arco.

- Limpiar cristal de la mampara, si lo hubiera, o colocar cortinas por fuera (evita formación de moho) de la bañera igualadas y cerradas sujetas por todos sus ganchos. Repasar el polvo de la barra.

2º LIMPIEZA DE SANITARIOS

Limpieza del bidé:

- Proceder de igual manera que el lavabo insistiendo en los rebordes.
- Se empleará la misma bayeta que para el inodoro.

Limpieza inodoro:

Una vez transcurrido el tiempo de acción del producto desinfectante, realizar la acción mecánica.

- Fregar con estropajo destinado exclusivamente para su uso insistiendo en el borde interno y fondo del sifón para evitar formación de sarro. Nos ayudaremos con la escobilla
- Fregado del exterior, tabloncillo y tapa.
- Fregado del alicatado exterior.
- Descargar cisterna y comprobar su funcionamiento.
- Aclarar y repasar con bayeta de uso exclusivo para inodoros humedecida en desinfectante.
- Repasar el portarrollos.
- Secar. Tapar y precintar si procede.

3º TERMINACIÓN

Colocación de la lencería: según estándares de calidad del establecimiento.

- Toallas de felpa en toalleros y con logotipo visto, igualadas en altura y caída. Ídem toallas de crepé o hilo (en algunos establecimientos se han sustituido por toalla de maquillaje).
- Mantas de baño colgadas en barra o dobladas con lomo hacia fuera. Bien igualadas.
- Toallas de bidé en toallero o dobladas.
- Alfombrín de pie de baño, doblado sobre el borde de la bañera con anagrama visto.
- Albornoces (si procede) debidamente presentados en gancho o percha colocados con estilo y según estándares.

Colocación del material homologado:

- Colocar papel higiénico en portarrollos con empiece hacia fuera y punta doblada. Dejar otro de repuesto de la misma manera.
- Jaboncillos al menos en el lavabo, bidé y bañera según proceda.
- Gel y champú. Gorro de ducha.
- Peine y colonia.
- Cepillo y pasta dientes.
- Bolsa higiénica colgada cerca del WC.
- Otros artículos según proceda.

3º TERMINACIÓN

Terminar limpieza:

- Limpiar radiador, ventanas y puertas. Comprobar su funcionamiento.
- Aspirar o barrer en húmedo y fregar suelo si procede.
- Colocar la papelera.

Revisión final:

Antes de salir revisar que todo queda en perfecto estado.

Dejar la puerta del baño entornada para que al entrar el cliente no encuentre diferencia de olores.

4º LIMPIEZA DE LA HABITACIÓN

Limpieza general:

- Limpiar todos los cajones de armarios, mesitas y muebles en general. Comprobar que las guías corren perfectamente.

Armario:

- Retirar almohadas y mantas de repuesto. Limpiar polvo con gamuza o bayeta de microfibra de pelo largo ligeramente humedecida. Volver a colocar ordenadamente la ropa.
- Las almohadas o cuadrantes con su funda limpia correspondiente.
- Las mantas siempre dobladas en el mismo sentido (a lo ancho) y con los lomos vistos provistas de su funda de tela o plástico.
- Limpiar polvo de barra de la ropa y zapatero.
- Colocar las perchas homologadas y desinfectadas en un bloque o dos repartiendo el mismo número a cada lado, en cantidad y tipo estipulados por el establecimiento. Desechar aquellas que tengan algún defecto.
- Limpiar espejo si lo hay.
- Comprobar que el sofito, o punto de iluminación de interior, funciona al abrir y cerrar puertas.
- Comprobar que las llaves están en sus respectivas cerraduras y funcionan correctamente.
- Colocar en el sitio estipulado la bolsa y la hoja de pedido de lavandería con los precios incluidos.
- Cerrar las puertas y limpiar exterior de armarios especialmente tiradores y zona próxima.

Minibar:

- Descongelar si procede.
- Limpiar con bayeta húmeda todo el interior.
- Revisar que está debidamente descongelado para que haga hielo y este pueda ser utilizado.

4º LIMPIEZA DE LA HABITACIÓN

Minibar:

- Reponer según instrucciones.
- Colocar vasos limpios, posavasos y abridor según estándares.
- Colocar en sitio visible y según estándares la lista de precios y vales correspondientes.
- Cerrar la puerta, limpiar el exterior.
- Cumplimentar si procede la hoja de control de reposición.

Limpieza de terraza o balcón:

- Repasar sillas, tumbonas y mesas quitando restos de comidas y polvo.
- Limpiar barandillas.
- Colocar bien sus cojines y comprobar que se encuentran en perfecto estado.
- Comprobar que los toldos funcionan correctamente y dejarlos según costumbre.
- Repasar jardineras para eliminar hojas o flores secas, y posibles colillas.
- Barrer suelo y fregar.
- Comprobar que la puerta abre y cierra correctamente.
- Comprobar que el aplique o farol de la terraza funciona.

Limpieza del polvo de todo el mobiliario:

- Por todas las superficies lisas, los marcos de cuadros, espejos, patas de muebles, cabeceros, puertas, etc., con paño ligeramente humedecido:
- Teléfono. Si es preciso, se desinfecta con alcohol.
- Lámparas, apliques, bombillas (las halógenas no se tocan), comprobando que funcionan.
- TV (cuidado con la pantalla si es de plasma; en este caso, limpiar con bayeta de microfibra seca).
- Espejos, cristales, ventanas, incluidos los marcos.
- Lustrar el suelo si procede. Pasar mopa si el suelo no es de moqueta.
- Cerrar ventanas. Entornar persianas comprobando su funcionamiento.
- Correr e igualar visillos y cortinas hasta la medida acostumbrada comprobando que están en perfecto estado.
- Aspirar suelo y alfombras.
- Llegando a todos los rincones y por debajo de las camas. Corriendo los muebles que sean necesarios.

5ª TERMINACIÓN

- Colocar todos los artículos complementarios según estándares de calidad.
- Eliminar los arrugados, viejos o sucios.
- Carpeta escritorio completa con sobres y papel (en desuso).

5ª TERMINACIÓN
• *Display* de publicidad perfectamente dotado.
• Llave o comanda de desayunos.
• Cartel de «No molestar».
• Cuadernillo de notas y lapicero.
• Referencia uso telefónico.
• Cerillas y cenicero si procede (habitación fumador).
• Folletos y revistas informativas.
• Dar un último vistazo para comprobar que todo está correcto.
• Según época del año, dejar aire acondicionado para conseguir temperatura ideal.
6º RELLENAR DOCUMENTOS PERTINENTES
Hoja de control. OK estatus. Cambio de ropa, etcétera.

2.1.2. Procedimientos de transmisión de órdenes, ejecución y control de resultados

La gobernanta o encargada general tendrá en cuenta la ocupación, el estado de las habitaciones, las salidas y entradas previstas para el día, los bloqueos, arrastres, etc., para proceder al reparto equilibrado del trabajo del personal a su cargo y ordenar su ejecución.

Las camareras de pisos podrán tener asignada una zona o planta fija, o rotar en su puesto. En un mismo establecimiento hotelero podemos encontrarnos camareras que realizan además de la limpieza de las habitaciones la limpieza de zonas comunes, o camareras que únicamente hacen habitaciones. La distribución del trabajo será ejecutada por la gobernanta.

Una vez asignadas las tareas, a primera hora de la jornada, mediante la entrega del parte diario de trabajo donde se informará del número de habitaciones que hay que limpiar, su estado, ocupación y preferencias en el orden de limpieza, las camareras procederán al desarrollo de su trabajo.

Comenzarán, si así se estipula, por la limpieza de pasillos y preparación del *office* y del carro.

El orden lógico en la limpieza de las habitaciones en turno de mañana es el siguiente, aunque según el establecimiento o las incidencias del día podría variar:

1º Habitaciones «arrastre» (jornada anterior).

2º Repaso de las libres.

3º Salidas efectuadas cuya ocupación próxima es urgente.

4º Ocupadas con cartel de preferencia.

5º Ocupadas cuyo cliente está ausente.

6º Salidas producidas a lo largo de la jornada.

7º Repaso de habitaciones que surgen a lo largo del día (visitas, clientes que no quisieron la habitación, cambios, etcétera).

8º Preparar bloqueos y desbloqueos.

9º Ocupadas con cartel de «No molestar».

En el turno de tarde se aconseja proceder de la siguiente manera:

1º Realizar la limpieza de habitaciones pendientes de la mañana.

2º Salidas que surgen durante la tarde.

3º Realizar coberturas: ocupadas empezando por los clientes VIP y, por último, las reservadas.

Durante el turno de noche se procurará no realizar limpiezas en la zona de habitaciones para no molestar a los clientes. Las funciones básicas de este turno son:

1º Coberturas pendientes del turno de tarde.

2º Limpieza y repaso de la zona noble.

3º Servicio *room-service* (hoteles cinco estrellas) si se hace cargo el departamento de pisos.

4º Peticiones de clientes.

5º Tareas de lencería, en el caso de que sea necesario y la organización del establecimiento lo requiera.

6º Limpieza de salones.

En cuanto a la limpieza de zonas comunes e internas, la gobernanta establecerá un orden lógico teniendo en cuenta las dimensiones de la zona, el mobiliario que lo ocupa y el tránsito y ocupación de personas.

Entregará a primera hora de la jornada el parte diario de trabajo a las camareras de pisos o auxiliares de limpieza indicando el orden de ejecución como se muestra en el ejemplo siguiente.

Cuadro 2.6. Ejemplo de orden de trabajo diario de una auxiliar de limpieza o camarera de zona noble. Turno de mañana.

Hora	Tarea de limpieza	Estado
06:00	*Hall*, recepción, ascensores	
	Puerta y escalera principal	
	Aseos comunes	
07:00	Oficina zona noble	
08:00	*Bussiness Center*	
09:00	Repaso de salones	
10:00	Repaso *hall*, recepción, ascensores y aseos	
10:30	DESCANSO	
11:00	Repaso bar	
11:30	Repaso restaurante	
12:00	Repaso gimnasio	
	Extra: dorados y metales	
13:30	Repaso *hall*, recepción, ascensores y aseos	
14:00	Fin de jornada	

Para el control de resultados, la gobernanta debe establecer un proceso ordenado. Lo ideal es revisar todas las habitaciones a diario, sin embargo, en la mayoría de los casos el volumen de trabajo impide realizar dicha operación. Para solventar el problema, elegiremos aleatoriamente alguna habitación ocupada revisando su estado, comprobando de esta manera la eficacia del trabajo del personal.

Una habitación de salida tiene que ser siempre revisada antes de proceder a su venta. Sin la conformidad de la gobernanta la habitación no puede ser dada a un cliente.

Para realizar la revisión de una habitación, es preciso llevar siempre el mismo orden:

Empezar por la derecha y hacer el recorrido de forma circular.

Puntos que se deben tener en cuenta en la revisión de una habitación:

- Nuestro objetivo general es controlar de manera simultánea el mantenimiento y limpieza de todas las instalaciones.

- Comprobaremos el buen estado y el correcto funcionamiento de todos los elementos e instalaciones de la habitación según se muestra en el cuadro siguiente.

Cuadro 2.7. Proceso detallado de revisión de una planta y habitación de salida.

ZONAS USO COMÚN
Pasillos de habitaciones: comprobar la limpieza de los apliques, elementos decorativos, radiadores, extintores y placas de numeración y emergencia.

HABITACIÓN
Comprobar y verificar el buen estado de los elementos que citamos a continuación. Limpios y brillantes. Sin manchas, arañazos, golpes, etc. Ojo con los pelos sueltos. Remarcaremos aquellos puntos negros.

- Zona puerta: sistema de apertura y cierre, puerta, tope puerta, pletina, mirilla, tirador o picaporte, y numeración de la habitación.

  — Controlar que la placa de incendios está bien colgada y sin polvo.

  — Limpieza del marco de la puerta, en especial la parte alta.

- Zona paredes: estado de la pintura. Cantos no golpeados. Apliques, interruptores y enchufes. Foscurit, visillos y cortina, correctamente colocados. Radiadores. Ventanas y espejos, sin manchas ni velos. Elementos decorativos y cuadros, sin polvo en marco superior.

- Zona suelo: estado de la moqueta, baldosas, parqué y alfombras. Rodapié sin polvo.

- Zona armario: sistema de apertura y cierre de puertas. Repisas, barra, funcionamiento de las luces (si las hubiera). Perchas en cantidad según estándares. Altillo del armario. Apertura y cierre de cajones, comprobar que no haya quedado nada en el fondo y esquinas. Limpieza de bajos. Tiradores, sin marcas de dedos.

  — Controlar número correcto de mantas de repuesto y su estado.

- Maletero: estado y colocación.

- Zona mesita de noche: estado del mobiliario. Limpieza del teléfono (cable sin retorcimientos), mandos de control del aire acondicionado y del hilo musical. Lámparas, unión de la pantalla (si hubiera) oculta.

  — Comprobar el buen estado de los impresos (no arrugados y limpios), ordenados según estándar.

- Zona escritorio: tapicería y mobiliario. Sistema de apertura y cierre de cajones, fondo de los cajones. Papelera con fondo. Dispensadores de folletos e impresos. Accesorios correctos.

- Zona mesa auxiliar: comprobar el funcionamiento y limpieza del televisor. Galán de noche/planchador de pantalones (si hubiera). Funcionamiento de la caja fuerte. Lámpara, mueble del televisor y elementos decorativos.

- Zona cama: estado de la cama, canapé, colchón, ropa de cama y especialmente los bajos de la cama donde a veces no llega bien el aspirador. Esquinas bien hechas. La cama debe estar perfecta, es la pieza principal de la habitación. Cabecero sin polvo.

- Zona de estar: limpieza de los sofás y especialmente detrás de los cojines (suelen aparecer monedas u objetos pequeños).

- Zona techo: comprobar el estado de la pintura, lámparas, altavoces y rejilla del aire acondicionado (en perfectas condiciones).

HABITACIÓN

- Equipamiento: comprobar el funcionamiento del aire acondicionado, hilo musical, luces, televisor, mando a distancia del televisor, teléfono, planchador (si lo hubiera).

- Minibar:

  — Comprobar limpieza del interior del mueble, vasos (sin huellas) y dotaciones.

  — Supervisar el buen funcionamiento del minibar y verificar la correcta limpieza.

  Si las operaciones de reposición las realiza el departamento de pisos:

  Controlar que la reposición del minibar se ajuste a las dotaciones establecidas según normas del establecimiento, prestando especial atención a los siguientes aspectos:

  — Que no existan botellas vacías.

  — Que haya abrebotellas y que esté en buen estado.

  — Que las cubiteras (si las hubiera) contengan agua y estén en buen estado.

  — Que los vasos y copas sean iguales.

  — Ausencia de productos caducados y latas con golpes.

  — Buen estado de las blondas o posavasos

BAÑO

- Zona puerta: sistema de apertura y cierre, puerta, tope de puerta, manija y pletina. Limpieza de la puerta por ambos lados.

- Zona lavabo: comprobar la grifería (cerciorándose de que hay agua caliente y fría y de que el chorro es suficiente)*. Tapones, cadena colocada correctamente, repisa, toalleros y toallas bien alineadas. Funcionamiento del secador y teléfono, y cables sin retorcimientos. Espejo, sin manchas de dedos y velo. Espejo de aumento (si hubiera), en perfecto estado. Papelera, sin marcas. Bajos de la encimera.

- Zona WC: comprobar funcionamiento de la cisterna/fluxómetro y anclaje correcto del inodoro. Tapa y asiento, en perfecto estado. Tacos y bisagras de tapa, sin suciedad alrededor. Papel higiénico, colocado correctamente en su portarrollos además de papel de repuesto. Limpieza de los colgadores.

- Zona bidé: comprobar su anclaje. Comprobar la grifería (cerciorarse de que hay agua caliente y fría)*. Cadena y tapón, colocados correctamente. Toallero y toallas correctas, bien alineadas.

- Zona bañera: comprobar la grifería (cerciorándose de que hay agua caliente y fría, y de que el rociador no se encuentra obstruido)*, tapón, cadena, repisa, juntas de la bañera sin moho, juntas de los azulejos. Anillas/ganchos y ojales de la cortina (si hubiera), correctos. Limpieza de la cortina, sin manchas ni moho en parte inferior. Mampara, sin gotas ni manchas de cal. Barra, perchero, toallero y taburete. Comprobar que la jabonera esté sin agua.

  Dotaciones, conforme a estándares de calidad, en cantidad adecuada y colocadas según se establezca.

- Zona techo: estado de la pintura, trampilla, luces empotradas y altavoces (sin polvo ni pelusas). Ausencia de bichos y telarañas. Vigilar la buena limpieza de la rejilla de salida de aire.

BAÑO
• <u>Zona paredes</u>: comprobar azulejos, especialmente las zonas cercanas a los sanitarios, brillantes y carentes de salpicaduras. Radiadores, enchufes e interruptores (sin marcas de dedos o grasa).
• <u>Zona suelo</u>: buen estado de las baldosas, juntas y tapa del bote sifónico.
— Ausencia de cabellos, especialmente en las esquinas y detrás de la puerta.

TERRAZA
• Cerciorarse del correcto funcionamiento del sistema de apertura y cierre de la puerta.
• Comprobar el mobiliario, las jardineras (sin colillas ni hojas secas), cristales (sin marcas), barandilla, techo, paredes, rodapié, desagües del suelo (perfectamente limpios), toldos y apliques.

DOTACIÓN
Conforme a los estándares que establezca cada establecimiento, comprobar la cantidad adecuada y la colocación exacta según lo establecido.
Se prestará especial atención a la vigencia de los impresos (caducidad de folletos promocionales, logotipos fuera de uso, etcétera).
(*) En el caso de que para comprobar el funcionamiento correcto de la grifería tengamos que abrir los grifos, se lo comunicaremos a la camarera para que seque lo que se haya podido salpicar o mojar. Normalmente y debido al volumen de trabajo confiamos en que la camarera haya comprobado el correcto funcionamiento, limitándonos exclusivamente a comprobar su estado exterior.

El estado de la zona noble, interna y exterior y sus dependencias también debe ser controlado a diario.

Estableceremos un *planning* de control general para ir chequeando día a día las revisiones realizadas conforme se muestra en el cuadro siguiente.

Cuadro 2.8. Control mensual del estado de zona pública e interna.

CONTROL	ZONA PÚBLICA E INTERNA																							
DÍA	1	2	3	4	5	6	7	8	9.	.	.	.	.	.	.	.	.	.	27	28	29	30	31	Observación
Hall de entrada																								
Cabina teléfono																								
Ascensores																								
Aseos públicos																								
Hall principal																								
Salón A																								
Salón B																								
Recepción																								
Bar																								
Restaurante																								
Despachos																								
Office																								
Aseos Personal																								

CONTROL	ZONA PÚBLICA E INTERNA																									
DÍA	1	2	3	4	5	6	7	8	9.	.	.	.	.	.	.	.	.	.	.	27	28	29	30	31	Observación	
Almacén																										
Cocina																										
Otros																										

Según planifiquemos, tenemos que comprobar exhaustivamente el estado de todos los enseres de las áreas. Para ello, elaboraremos un documento donde aparezcan todas las dependencias y sus enseres, y así chequear el estado, anotar posibles desperfectos, repasos de limpiezas o planificar limpiezas profundas, según ejemplo que se muestra a continuación.

Aplicaremos los mismos criterios que en la revisión de habitaciones y además vigilaremos el estado de revistas, adornos florales, elementos decorativos, etcétera.

Cuadro 2.9. Ejemplo de revisión de los enseres de las dependencias que componen la zona noble.

CONTROL	ZONA NOBLE										
	Sillones	Paredes	Mesas	Puertas ventanas cortinas	Alfombras	Espejos	:	:	.	Cuadros	Observación
Hall de entrada											
Cabina teléfono											
Ascensores											
Aseos públicos											
Hall principal											
Salón A											
Salón B											
Recepción											
Bar											
Restaurante											
Despachos											
Office											
Aseos Personal											
Almacén											
Cocina											
Otros											

2.2. Formalización de programas de limpieza de locales, instalaciones, mobiliario y equipos propios del departamento

El programa de limpieza y conservación tiene como objetivo garantizar la limpieza, el acondicionamiento y el buen estado y funcionamiento de todos los enseres que componen las distintas dependencias del establecimiento.

La gobernanta tiene que presentar a la dirección del establecimiento un *planning* de limpieza y acondicionamiento en el que se incluyan la periodicidad y las fechas previstas para garantizar el buen estado de los enseres y dependencias. Dicho *planning* tiene que ser autorizado, ya que supone un coste extra para el establecimiento.

Para la confección de dicho *planning* y establecer la frecuencia (anual, bianual, trimestral, mensual, etc.), se tendrán en cuenta el estado de los elementos que hay que acondicionar o limpiar, el material en reserva del que disponemos para poder efectuar las reposiciones que se precisen y otras peculiaridades del establecimiento (cercanía del mar, materiales y personal disponible, apertura o cierre, etcétera).

A modo de ejemplo, vamos a citar en los cuadros que aparecen a continuación los elementos que es preciso limpiar y acondicionar, así como la periodicidad propuesta.

Cuadro 2.10. Ejemplo de *planning* de limpieza y acondicionamiento de elementos de una habitación.

PROCEDIMIENTO	ELEMENTO	PROCEDIMIENTO	ELEMENTO
Lavado	Cubrecanapé	Descongelar y limpiar	Minibar
	Funda cochón		
	Cubrecolchón (mínimo cada 4 meses)		
	Manta (y cambio)		
	Almohada (relleno)		
	Almohada (funda interior)		
	Visillos		
	Cortinas de baño		
Aspirado y limpieza tapicería / Cambiar posición y cama	Canapé	Abrillantado	Metales
Aspirado y limpieza / Dar la vuelta, cambiar de cama	Colchón	Aspirar y limpiar	Cabeceros camas
Aspirado / Ignifugado o tratamiento especial / Limpieza en seco o / Lavado	Cortinas / Tratamientos específicos (mínimo 1 vez al año)	Aspirar y fregar	Pantallas
Limpieza	Cristales y marcos	Fregado	Maletero
	TV y aparatos eléctricos		Armarios
	Apliques		Puertas
	Rejillas ventilación		Altillos
Limpieza y peinado	Alfombras	Actualización	Impresos
	Moquetas		

Cuadro 2.11. Ejemplo de periodicidad de limpiezas generales.

SEMANAL Establecer día concreto: por ejemplo, una tarea concreta para cada día de la semana de lunes a sábado.	1. Limpieza de cristales interiores de fácil acceso. 2. Limpieza de repisas y alféizar de ventanas. 3. Limpieza profunda de elementos que haya que mantener. 4. Limpieza de radiadores, interior de armarios, zócalos y puertas. 5. Limpieza a fondo de ascensores. 6. Vaciado de contenedores de reciclado de papel, plástico y vidrio en planta y evacuación a contenedor general.
MENSUAL	Limpieza profunda de : 1. Rejillas y filtros del aire acondicionado. 2. De alicatados. 3. De elementos decorativos y metales.
BIANUAL	Limpieza exhaustiva de: 1. Ventanales y cristales interiores y exteriores. 2. Visillos, cortinas, estores y persianas. 3. Puntos de luz. 4. Techos y paredes. 5. Limpieza y abrillantado de muebles de piel. 6. Abrillantado de elementos metálicos. 7. Limpieza de moquetas y tapizados (según uso se puede reducir el tiempo de tratamiento). 8. Cristalizado de superficies.

ACTIVIDADES

2.1. Elabora una ficha técnica de los procesos que se citan a continuación en los que se incluyan los siguientes conceptos:

1) Procedimiento: proceso que se lleva a cabo (ejemplo: limpieza de cristales).

2) Periodicidad: indicar si es una tarea diaria, semanal, etc. Es posible que tengas que realizar varias fichas según la periodicidad; así por ejemplo, no es lo mismo la limpieza diaria de cristales que la semanal o mensual, donde el procedimiento varía aplicándose diferentes técnicas de limpieza en cada caso.

3) Material de limpieza: todo aquel necesario para realizar la tarea.

4) Productos de limpieza: aquellos que son precisos para proceder a la limpieza.

5) Maquinaria: la que sea precisa según el caso.

6) Modo de proceder (abreviado): de manera esquemática y clara indicar los pasos que se deben seguir.

7) Precauciones: advertir de posibles malas prácticas en el uso de útiles, material o maquinaria. Por ejemplo, en el uso de productos ácidos: ventilar bien la zona y proteger los cromados, ya que los vapores pueden dañarlos. O no pulverizar el producto y aplicar sobre bayeta, etcétera.

8) Posibles efectos adversos: indicar los resultados no óptimos en el caso de no proceder adecuadamente. Por ejemplo, en el fregado de suelos pueden quedar velos si no se usa el producto adecuado o no se seca bien.

Procesos sobre los que desarrollar las fichas:

a) Limpieza de cristales.

b) Limpieza de váteres y urinarios.

c) Limpieza de suelos de madera.

d) Fregado de suelos de mármol.

e) Limpieza de pantallas de TV y ordenadores.

2.2. Indica a qué materiales dañan los siguientes productos de limpieza:

- Lejía
- Amoníaco
- Decapante
- Alcohol
- Sosa
- Aguafuerte

2.3. Realiza un *planning* de limpiezas extraordinarias de todos los elementos que podemos encontrar en una habitación indicando la periodicidad adecuada.

3. Control del cumplimiento de las normas de seguridad e higiene en los procesos de limpieza y puesta a punto de habitaciones y zonas comunes en alojamientos

Introducción

Las empresas, ya sean públicas o privadas, están obligadas a desarrollar todas las medidas necesarias para garantizar la protección de la seguridad y salud de sus clientes tanto internos (trabajadores) como externos, además de prevenir en la medida de lo posible los riesgos laborales.

No basta con desarrollar normas de protección y formar a los empleados, sino que es necesario el control de su cumplimiento. Los ritmos de trabajo actuales provocan numerosos riesgos que causan grandes pérdidas económicas para las empresas. Lo importante es la formación y, sobre todo, la concienciación.

Contenido

3.1.	Aplicación de normas, técnicas y métodos de seguridad, higiene, limpieza y mantenimiento en el uso de locales, instalaciones, mobiliario, equipos y materiales propios del departamento de pisos y áreas públicas

3.2.	Condiciones específicas de seguridad e higiénico-sanitarias que deben reunir los locales, instalaciones, el mobiliario, los equipos y el material propio del departamento. Prohibiciones

3.3.	Justificación de la importancia de la higiene de instalaciones y superficies en hospitales y clínicas

3.1. Aplicación de normas, técnicas y métodos de seguridad, higiene, limpieza y mantenimiento en el uso de locales, instalaciones, mobiliario, equipos y materiales propios del departamento de pisos y áreas públicas

La normativa referida a seguridad e higiene en el trabajo es muy amplia. Se puede consultar en la página web del Instituto Nacional de Seguridad y Salud en el Trabajo del Ministerio de Trabajo y Economía Social.

A continuación, presentamos un esquema de toda la normativa que podemos encontrar:

- Nacional:

    1. Gestión de la prevención y colectivos

    2. Sectores por actividad

    3. Seguridad en el trabajo y riesgos

    4. Equipos de trabajo y de protección individual

- Europea:

    — Directivas y tratados.

- Normas OIT:

    — Convenios y recomendaciones.

Guías técnicas del Instituto Nacional de Seguridad y Salud en el Trabajo:

El Instituto Nacional de Seguridad y Salud en el Trabajo es el encargado de elaborar las guías técnicas, no vinculantes, para la facilitar la aplicación de los reales decretos de desarrollo de la Ley de Prevención de Riesgos Laborales.

Existen guías transversales y específicas.

Valores límites de exposición profesional: son publicaciones del Instituto Nacional de Seguridad y Salud en el Trabajo conformes a la normativa europea para establecer límites de exposición profesional nacionales.

Dada la amplitud de legislación y normativa, en este capítulo únicamente desarrollaremos aquellos aspectos importantes para nuestro sector.

El CLP (Reglamento (CE) nº 1272/2008 sobre clasificación, etiquetado y envasado de sustancias y mezclas) será a partir del año 2015 el único reglamento aplicable en esta materia), modificado por el Reglamento (UE) 2024/2865 del

Parlamento Europeo y del Consejo, de 23 de octubre de 2024, con las modificaciones que posteriormente se han realizado en el año 2024.

Además del nuevo sistema de clasificación y etiquetado de ámbito europeo, que ya hemos explicado en capítulos anteriores, aparece como novedad la obligación de notificar las «fichas toxicológicas» al organismo de cada Estado miembro; en el caso de España es el INCF (Instituto Nacional de Toxicología y Ciencias Forenses).

La **Hoja de Datos de Seguridad de Materiales** (MSDS) o **Ficha de seguridad** es un documento que describe los riesgos de un material peligroso y suministra toda aquella información relevante sobre manipulación, uso y almacenamiento del producto de manera segura.

La responsabilidad inicial de elaborar las fichas de datos de seguridad corresponde al fabricante, importador o representante exclusivo, y estarán a disposición de los usuarios.

Dicha ficha debe ser conocida por todos aquellos que manipulen productos químicos.

No es necesario disponer de las fichas u hojas de seguridad en el caso de que las sustancias peligrosas vayan acompañadas de la información necesaria como ocurre con las etiquetas que tienen que aparecer en los productos y concentrados de limpieza, desinfectantes de hogar, pinturas, espray de insecticidas, etcétera.

La información de las fichas está regulada por normativa y se divide por secciones (16), como se refleja a continuación:

1. Datos identificativos del producto y de la empresa.

2. Información sobre los componentes.

3. Identificación de los peligros.

4. Primeros auxilios.

5. Medidas de lucha contra incendios.

6. Medidas a adoptar en caso de vertido accidental.

7. Manipulación y almacenamiento.

8. Controles de exposición/protección personal.

9. Propiedades físicas y químicas.

10. Estabilidad y reactividad.

11. Informaciones toxicológicas.

12. Informaciones ecológicas.

13. Consideraciones sobre la eliminación.

14. Informaciones relativas al transporte.

15. Informaciones reglamentarias (sobre envasado y etiquetado).

16. Otras informaciones.

3.1.1. Prevención de riesgos

Toda empresa está obligada a adoptar aquellas medidas necesarias para garantizar la protección de la salud y seguridad de sus empleados, así como la prevención de riesgos laborales. Todos los empleados tienen que ser informados y formados. Los empleados además de conocer las normas tienen que aplicarlas.

En apartados anteriores hemos explicado las normas de uso y los posibles riesgos en la utilización de productos, útiles y maquinaria de limpieza.

Obligaciones de los trabajadores en materia de seguridad e higiene

1) Usar adecuadamente los productos, útiles y maquinaria de limpieza.

2) Utilizar los medios y equipos de protección individual (EPI): guantes, mascarilla, gafas y calzado antideslizante.

3) Utilizar los dispositivos de seguridad de manera correcta.

4) Cooperar con la empresa para garantizar unas condiciones óptimas de trabajo.

5) Informar a sus superiores de todas aquellas situaciones que supongan un peligro para la seguridad y salud de las personas.

Riesgos propios del sector

Los posibles riesgos a los que está expuesto el personal de limpieza son los siguientes:

1. Caídas de escaleras o altura.

2. Caídas al mismo nivel, resbalones.

3. Golpes o contusiones.

4. Cortes o heridas punzantes.

5. Irritación de piel u ojos e intoxicación por productos de limpieza.

6. Quemaduras.

7. Descargas eléctricas.

8. Trastornos musculoesqueléticos (TME).

Causas y medidas preventivas para evitar riesgos

1. Caídas de escaleras o altura.

   Se producen cuando accedemos a una altura superior a la nuestra para alcanzar un objeto, colgar cortinas, limpiar cuadros, limpiar cristales, etcétera.

   a) Nunca usaremos nada que no sea una escalera de mano o tijera para acceder a las alturas. Las escaleras deben estar en perfectas condiciones de uso y mantener todas las medidas de seguridad.

   b) Los trabajos de más de 3,5 metros de altura en relación con el suelo deben realizarse con cinturón de seguridad anclado a un punto distinto de la escalera.

   c) En escaleras de tijera nunca se trabajará a horcajadas, ni se pasará de un lado a otro.

   d) No subir más allá del antepenúltimo peldaño.

   e) Si se trabaja con electricidad, usar escaleras de madera o especiales.

2. Caídas al mismo nivel, resbalones.

   Se producen por tropiezo con objetos mal colocados o por pisar en suelos mojados o en los que se ha vertido accidentalmente algún líquido.

   a) Mantener en correcto estado las zonas de paso no dejando en medio cubos de limpieza, bolsas de basura, enseres, etcétera.

   b) Señalizar adecuadamente las zonas húmedas.

   c) Avisar de cualquier situación que suponga un peligro para las personas.

3. Golpes o contusiones.

   Se producen cuando chocamos con enseres que no están colocados adecuadamente o no guardan las medidas de seguridad debidas. También pueden ser producidos por caídas de objetos.

a) Mantener siempre los cajones cerrados.

b) Los cajones deben disponer de topes de apertura.

c) Las puertas de cristal deben estar señalizadas con marcas o bandas.

d) No sobrecargar las estanterías y armarios.

e) No almacenar objetos pesados en zonas de difícil acceso.

4. Cortes o heridas punzantes.

Se producen de manera accidental en la manipulación de objetos cortantes o por contacto con elementos punzantes depositados en cajones, papeleras o bolsas de basura.

a) Respetar las normas de seguridad de elementos cortantes.

b) Al retirar la ropa de la cama, mirar antes por si hubiera algún objeto entre las sábanas.

c) No presionar los residuos procedentes de papeleras o cubos de basura con las manos o los pies cuando los estemos introduciendo en las bolsas.

d) Cuando se vayan a trasladar bolsas de residuos, estas deben estar bien cerradas.

e) Coger las bolsas siempre por la parte superior y trasladarlas separadas del cuerpo.

f) No arrastrar las bolsas de basura.

5. Irritación de piel u ojos e intoxicación por productos de limpieza.

Se producen por la incorrecta utilización de productos de limpieza.

a) Guardar las normas de seguridad para la manipulación de productos de limpieza indicadas en la Unidad 1.

b) Leer bien las fichas de seguridad antes de manipular los productos y aplicar las normas.

c) Evitar en la medida de lo posible usar productos en aerosol. Sustituir por espray manual.

En caso de intoxicación, actuar de la siguiente manera:

Es conveniente conocer la manera correcta de actuar según el producto que nos ha producido la intoxicación o irritación y la zona del cuerpo afectada. Como norma general, no dar nunca líquidos cuando la persona está inconsciente o con convulsiones. A continuación, presentamos un esquema de actuación en caso de intoxicación con los productos más usuales.

Cuadro 3.1. Esquema de actuación en caso de intoxicación.

PRODUCTO	INHALACIÓN	CONTACTO CON LA PIEL	CONTACTO CON LOS OJOS	INGESTIÓN
Lejía	Sacar a la persona al aire libre.	Lavar con abundante agua.	Lavar abundantemente durante al menos 15 minutos.	Acudir al médico o consultar con el Servicio Nacional de Información Toxicológica
Limpiador multiusos	Sacar a la persona del recinto contaminado.	Lavar con abundante agua.	Lavar abundantemente durante al menos 15 minutos.	Enjuagar la boca. No provocar el vómito. Mantener reposo y solicitar ayuda médica.
Desengrasante general	Sacar a la persona al aire libre, mantener abrigada, en posición semiincorporada y solicitar ayuda.	Quitar la ropa y lavarnos bajo la ducha.	Lavar abundantemente durante al menos 15 minutos con los párpados abiertos. Consultar al oftalmólogo.	Enjuagar la boca. Beber agua fría, leche, jugo de fruta o vinagre diluido y dirigirse al hospital. No provocar vómitos, en caso de producirse volver a ingerir agua.
Detergente-desincrustante	Sacar a la persona al aire libre, mantener abrigada, en posición semiincorporada y solicitar ayuda.	Quitar la ropa y lavarnos bajo la ducha. Si existen molestias, acudir al médico.	Lavar abundantemente durante al menos 15 minutos con los párpados abiertos. Consultar al oftalmólogo.	Enjuagar la boca. Beber agua fría y/o bicarbonato sódico, y dirigirse al hospital. No provocar vómitos; en caso de producirse, volver a ingerir agua.
Limpiador con bioalcohol	No aplicable.	No aplicable.	Lavar con abundante agua.	Lavar la boca y beber mucho agua. No provocar el vómito y buscar asistencia médica.

PRODUCTO	INHALACIÓN	CONTACTO CON LA PIEL	CONTACTO CON LOS OJOS	INGESTIÓN
Captapolvo	Sacar a la persona al aire fresco.	Lavar la zona con abundante agua y jabón.	Lavar abundantemente durante al menos 15 minutos. Acudir al especialista si existen molestias.	Consultar con el Servicio Nacional de Información Toxicológica.
Cristalizador base	Sacar a la persona al aire fresco.	Retirar la ropa contaminada y lavar la piel con abundante agua.	Lavar abundantemente durante al menos 10 minutos con los párpados abiertos. Consultar al oftalmólogo.	Lavar la boca y beber mucho agua. No provocar el vómito y buscar asistencia médica.
Champú limpiamoquetas	Sacar a la persona del lugar, mantener abrigada y en reposo. Acudir al médico en caso de molestias.	Lavar con agua la zona afectada. Acudir al médico en caso de molestias.	Lavar abundantemente durante al menos 10 minutos con los párpados abiertos. Consultar al oftalmólogo.	Lavar la boca y beber mucho agua. No provocar el vómito y buscar asistencia médica.

6. Quemaduras.

Se producen por la manipulación incorrecta de productos de limpieza, por contacto con elementos calientes o exposición al fuego.

a) Seguir las normas de seguridad de manipulación de productos de limpieza.

b) Tener especial cuidado con los productos inflamables y corrosivos.

c) No tocar bombillas incandescentes.

d) No exponerse a situaciones de peligro en caso de incendio.

7. Descargas eléctricas.

Se producen por la manipulación incorrecta de elementos eléctricos.

a) Guardar las normas de seguridad explicadas en la Unidad 1 respecto a la manipulación de maquinaria.

b) En general, no manipular elementos eléctricos sin desconectar de la red y jamás con las manos húmedas.

c) No manipular enchufes y tener mucho cuidado con los alargadores.

8. Trastornos musculoesqueléticos (TME).

Se producen por el propio trabajo y con el paso del tiempo. También son producidos por accidentes. Afectan al cuello, la espalda, hombros y extremidades superiores y, en menor medida, a las inferiores.

Pueden prevenirse o reducirse en gran medida si se cumple la normativa en seguridad y salud.

Este tipo de trastornos es muy usual en el personal dedicado a la limpieza.

A continuación, citaremos algunas normas que el personal de limpieza debe seguir:

a) Para hacer la cama, sitúese en el lugar que pueda hacerla de manera más rápida sin dar paseos innecesarios. Al hacer las esquinas, flexione las piernas, no agache la espalda.

b) Para volver a colocar la cama en su posición, no hacerlo con las rodillas, flexionar un poco las piernas y empujar con los brazos.

c) Enjabonar los sanitarios de manera circular. Trabajar siempre con ambas manos.

d) A la hora de limpiar la bañera, adopte una postura correcta.

e) En la limpieza de cristales, azulejos o espejos evitaremos movimientos del brazo por encima del hombro; para ello, emplearemos escaleras o tubos telescópicos.

f) El palo de escobas y fregonas debe ser lo suficientemente largo para evitar que tengamos que encorvarnos al realizar la limpieza. Una altura excesiva también puede ser perjudicial.

g) Cuando desplacemos el carro lo haremos empujando, nunca tirando de él.

h) Cuando manipule el aspirador o máquina rotativa, hacerlo con la postura adecuada, no doblar la espalda nunca.

i) Evitar la manipulación de cargas. Utilizar medios auxiliares. No manipular cargas de más de cinco kilogramos en posición sentado. Puede entrañar un riesgo la manipulación de cargas de más de veinticinco kilogramos, aunque no existan condiciones ergonómicas desfavorables, y las cargas de más de tres kilogramos si las condiciones ergonómicas son desfavorables. La postura correcta para manipular una carga es con la espalda derecha.

3.2. Condiciones específicas de seguridad e higiénico-sanitarias que deben reunir los locales, instalaciones, el mobiliario, los equipos y el material propio del departamento. Prohibiciones

Según aparece en la *Guía técnica para la Evaluación y Prevención de los Riesgos relativos para la Utilización de los Lugares de Trabajo* (RD 486/1997, de 14 de abril. BOE nº 97, de 23 de abril) editada por el Instituto Nacional de Seguridad e Higiene en el Trabajo, vamos a transcribir, resumir y comentar lo más relevante, recomendando su estudio completo.

Se entiende por **lugares de trabajo** las áreas del centro de trabajo, edificadas o no, en las que los trabajadores deban permanecer o a las que puedan acceder en razón de su trabajo. Hay que tener en cuenta que en nuestro sector el área de trabajo se trata en muchos casos de dependencias que usan los clientes (habitaciones, aseos, salones, etc.) o el propio personal para la realización de labores propias de su cargo (oficinas, cocina, etc.). Únicamente permanecen en áreas concretas de trabajo el personal de lavandería y lencería y el de limpieza en los *offices*.

El empresario tiene que adoptar las medidas necesarias para que la utilización de los lugares de trabajo no origine riesgos para la seguridad y salud de los trabajadores o, si ello no fuera posible, para que tales riesgos se reduzcan al mínimo.

En cualquier caso, los lugares de trabajo deberán cumplir las disposiciones mínimas establecidas en la normativa en cuanto a sus condiciones constructivas, orden, limpieza y mantenimiento, señalización, instalaciones de servicio o protección, condiciones ambientales, iluminación, servicios higiénicos y locales de descanso, y material y locales de primeros auxilios.

- El diseño y las características constructivas de los lugares de trabajo deberán ofrecer seguridad frente a los riesgos de resbalones o caídas, choques o golpes contra objetos y derrumbamientos o caídas de materiales sobre los trabajadores. Deberán también facilitar el control de las situaciones de emergencia, en especial en caso de incendio, y posibilitar, cuando sea necesario, la rápida y segura evacuación de los trabajadores.

    Deberán poseer la estructura y solidez apropiadas a su tipo de utilización.

- Las dimensiones de los locales de trabajo deberán permitir que los trabajadores realicen su trabajo sin riesgos para su seguridad y salud, y en condiciones ergonómicas aceptables. Sus dimensiones mínimas serán las siguientes:

    a. 3 metros de altura desde el piso hasta el techo. No obstante, en locales comerciales, de servicios, oficinas y despachos, la altura podrá reducirse a 2,5 metros.

b. 2 metros cuadrados de superficie libre por trabajador.

c. 10 metros cúbicos, no ocupados, por trabajador.

La separación entre los elementos materiales existentes en el puesto de trabajo será suficiente para que los trabajadores puedan ejecutar su labor en condiciones de seguridad, salud y bienestar.

- Zonas peligrosas: deberán tomarse las medidas adecuadas para la protección de los trabajadores autorizados para acceder a las zonas de los lugares de trabajo donde su seguridad pueda verse afectada por riesgos de caída, caída de objetos y contacto o exposición a elementos agresivos. Asimismo, deberá disponerse, en la medida de lo posible, de un sistema que impida que los trabajadores no autorizados puedan acceder a dichas zonas. Las zonas de los lugares de trabajo en las que exista riesgo de caída, de caída de objetos o de contacto o exposición a elementos agresivos deberán estar claramente señalizadas.

- Los suelos de los locales de trabajo deberán ser fijos, estables y no resbaladizos, sin irregularidades.

- Las aberturas o desniveles que supongan un riesgo de caída de personas se protegerán mediante barandillas u otros sistemas de protección de seguridad equivalente, que podrán tener partes móviles cuando sea necesario disponer de acceso a la abertura. La protección no será obligatoria si la altura de caída es inferior a dos metros.

- Los tabiques transparentes o translúcidos y, en especial, los tabiques acristalados situados en los locales o en las proximidades de los puestos de trabajo y vías de circulación, deberán estar claramente señalizados y fabricados con materiales seguros, o bien estar separados de dichos puestos y vías, para impedir que los trabajadores puedan golpearse con ellos o lesionarse en caso de rotura.

- Las vías de circulación de los lugares de trabajo, tanto las situadas en el exterior de los edificios y locales como en el interior de estos, incluidas las puertas, pasillos, escaleras, escalas fijas, rampas y muelles de carga, deberán poder utilizarse conforme a su uso previsto, de forma fácil y con total seguridad para los peatones o vehículos que circulen por ellas y para el personal que trabaje en sus proximidades.

- Las puertas transparentes deberán tener una señalización a la altura de la vista. Las puertas y portones de vaivén deberán ser transparentes o tener partes transparentes que permitan la visibilidad de la zona a la que se accede. Las puertas correderas deberán ir provistas de un sistema de seguridad que les impida salirse de los carriles y caer. Las puertas de acceso a las escaleras no se abrirán directamente sobre sus escalones, sino sobre descansos de anchura al menos igual a la de aquellos.

- Los pavimentos de las rampas, escaleras y plataformas de trabajo serán de materiales no resbaladizos o dispondrán de elementos antideslizantes. Se establece una pendiente máxima según longitud. Las escaleras tendrán una anchura mínima de un metro, excepto en las de servicio, que será de 55 centímetros. Se prohíben las escaleras de caracol, excepto si son de servicio.

- Las escaleras de mano tendrán la resistencia y los elementos de apoyo y sujeción necesarios para que su utilización en las condiciones requeridas no suponga un riesgo de caída, por rotura o desplazamiento de estas. En particular, las escaleras de tijera dispondrán de elementos de seguridad que impidan su apertura al ser utilizadas. No se emplearán escaleras de mano y, en particular, escaleras de más de cinco metros de longitud, de cuya resistencia no se tengan garantías. El ascenso, descenso y los trabajos desde escaleras se efectuarán de frente a estas. Los trabajos a más de 3,5 metros de altura, desde el punto de operación al suelo, que requieran movimientos o esfuerzos peligrosos para la estabilidad del trabajador, solo se efectuarán si se utiliza cinturón de seguridad o se adoptan otras medidas de protección alternativas. Las escaleras de mano se revisarán periódicamente. Se prohíbe la utilización de escaleras de madera pintadas, por la dificultad que ello supone para la detección de sus posibles defectos.

- Las vías y salidas de evacuación, así como las vías de circulación y las puertas que den acceso a ellas, se ajustarán a lo dispuesto en su normativa específica.

  Las zonas de paso, salidas y vías de circulación de los lugares de trabajo y, en especial, las salidas y vías de circulación previstas para la evacuación en casos de emergencia deberán permanecer libres de obstáculos de forma que sea posible utilizarlas sin dificultades en todo momento.

  Los lugares de trabajo deberán ajustarse a lo dispuesto en la normativa que resulte de aplicación sobre condiciones de protección contra incendios.

- La instalación eléctrica de los lugares de trabajo deberá ajustarse a lo dispuesto en su normativa específica.

- Los lugares de trabajo y, en particular, las puertas, vías de circulación, escaleras, servicios higiénicos y puestos de trabajo utilizados u ocupados por trabajadores discapacitados deberán estar acondicionados para que dichos trabajadores puedan utilizarlos.

- Orden, limpieza y mantenimiento: los lugares de trabajo, incluidos los locales de servicio, y sus respectivos equipos e instalaciones, se limpiarán periódicamente y siempre que sea necesario para mantenerlos en todo momento en condiciones higiénicas adecuadas. A tal fin, las características de los suelos, techos y paredes serán tales que permitan dicha limpieza y mantenimiento. Se eliminarán con rapidez los desperdicios, las manchas de grasa, los residuos de sustancias peligrosas y demás productos residuales que puedan originar accidentes o contaminar el ambiente de trabajo.

  Las operaciones de limpieza no deberán constituir por sí mismas una fuente de riesgo para los trabajadores que las efectúen o para terceros, realizándose a tal fin en los momentos, de la forma y con los medios más adecuados.

- La exposición a las condiciones ambientales de los lugares de trabajo no debe suponer un riesgo para la seguridad y la salud de los trabajadores. En los locales de trabajo cerrados deberán cumplirse, en particular, las siguientes condiciones:

  a) La temperatura de los locales donde se realicen trabajos sedentarios propios de oficinas o similares estará comprendida entre 17 y 27 ºC.

    La temperatura de los locales donde se realicen trabajos ligeros estará comprendida entre 14 y 25 ºC.

  b) La humedad relativa estará comprendida entre el 30 y el 70%, excepto en los locales donde existan riesgos por electricidad estática en los que el límite inferior será el 50%.

  c) Los trabajadores no deberán estar expuestos de forma frecuente o continuada a corrientes de aire cuya velocidad exceda unos límites marcados.

- La iluminación de los lugares de trabajo deberá permitir que los trabajadores dispongan de condiciones de visibilidad adecuadas para poder circular por estos y desarrollar en ellos sus actividades sin riesgo para su seguridad y salud. Se marcan unos niveles mínimos de iluminación de 1000 a 25 lux según la zona donde se ejecute el trabajo. La iluminación de los lugares de trabajo deberá cumplir, además, en cuanto a su distribución y otras características, una serie de condiciones.

- Los lugares de trabajo dispondrán de agua potable en cantidad suficiente y fácilmente accesible. Se evitará toda circunstancia que posibilite la contaminación del agua potable. En las fuentes de agua se indicará si esta es o no potable, siempre que puedan existir dudas al respecto.

- Los lugares de trabajo dispondrán de vestuarios cuando los trabajadores deban llevar ropa especial de trabajo y no se les pueda pedir, por razones de salud o decoro, que se cambien en otras dependencias. Los vestuarios estarán provistos de asientos y de armarios o taquillas individuales con llave, que tendrán la capacidad suficiente para guardar la ropa y el calzado. Los armarios o taquillas para la ropa de trabajo y para la de calle estarán separados cuando ello sea necesario por el estado de contaminación, suciedad o humedad de la ropa de trabajo. Los lugares de trabajo dispondrán, en las proximidades de los puestos de trabajo y de los vestuarios, de locales de aseo con espejos, lavabos con agua corriente, caliente si es necesario, jabón y toallas individuales u otro sistema de secado con garantías higiénicas. Dispondrán además de duchas de agua corriente, caliente y fría, cuando se realicen habitualmente trabajos sucios, contaminantes o que originen elevada sudoración.

- Los lugares de trabajo dispondrán de <u>retretes</u>, dotados de lavabos, situados en las proximidades de los puestos de trabajo, de los locales de descanso, de los vestuarios y de los locales de aseo, cuando no estén integrados en estos últimos.

- Cuando la seguridad o la salud de los trabajadores lo exijan, en particular en razón del tipo de actividad o del número de trabajadores, estos dispondrán de un <u>local de descanso</u> de fácil acceso.

- Los lugares de trabajo dispondrán del material y, en su caso, de los locales necesarios para la prestación de <u>primeros auxilios</u> a los trabajadores accidentados conforme a unas normas.

- Otro aspecto importante es la SEÑALIZACIÓN. El citado Instituto Nacional de Seguridad y Salud en el Trabajo dispone de un documento titulado *Guía sobre la señalización de seguridad y salud en el trabajo* (Real Decreto 485/1997, de 14 de abril; BOE nº 97, de 23 de abril) cuyos conceptos importantes vamos a resumir, siendo recomendable su lectura completa si desean ampliar información.

Tipos de señalización en el lugar de trabajo:

1) Señales en forma de panel.

— Advertencia.

— Prohibición.

— Obligación.

— Lucha contra incendios.

— Salvamento o socorro.

2) Señales luminosas.

3) Señales acústicas.

4) Comunicaciones verbales.

5) Señales gestuales.

Los colores de seguridad forman parte de una señalización de seguridad o constituirla por sí mismos.

Cuadro 3. 2. Los colores de seguridad, su significado y otras indicaciones sobre su uso.

COLOR	SIGNIFICADO	INDICACIONES Y PRECISIONES
ROJO	Prohibición	Comportamientos peligrosos.
	Peligro-alarma	Alto, parada, dispositivos de desconexión de emergencia. Evacuación.
	Material y equipos de lucha contra incendios	Identificación y localización.
AMARILLO o AMARILLO ANARANJADO	Señal de advertencia	Atención, precaución. Verificación.
AZUL	Señal de obligación	Comportamiento o acción específica. Obligación de utilizar un equipo de protección individual.
VERDE	Señal de salvamento o auxilio	Puertas, salidas, pasajes, material, puestos de salvamento o de socorro, locales.
	Situación de seguridad	Vuelta a la normalidad.

Los colores de contraste sobre los colores de seguridad serán: el blanco para todos, a excepción del contraste sobre el amarillo y el blanco que será el negro.

Cuadro 3.3. Relación del tipo de señal, su forma geométrica y colores utilizados.

TIPO DE SEÑAL DE SEGURIDAD	FORMA GEOMÉTRICA	COLOR PICTOGRAMA	COLOR FONDO	COLOR BORDE	COLOR BANDA
ADVERTENCIA	Triangular	Negro	Amarillo	Negro	-
PROHIBICIÓN	Redonda	Negro	Blanco	Rojo	Rojo
OBLIGACIÓN	Redonda	Blanco	Azul	Blanco o azul	-
LUCHA CONTRA INCENDIOS	Rectangular o cuadrada	Blanco	Rojo	-	-
SALVAMENTO O SOCORRO	Rectangular o cuadrada	Blanco	Verde	Blanco o verde	-

Es obligación del empresario determinar cuándo se presenta la necesidad de señalizar y qué se debe señalizar. La elección del tipo de señal y del número y emplazamiento de las señales o dispositivos de señalización que se deben utilizar en cada caso se realizará de forma que la señalización resulte lo más eficaz posible, teniendo en cuenta:

1. Las características de la señal.

2. Los riesgos, elementos o circunstancias que hayan de señalizarse.

3. La extensión de la zona a cubrir.

4. El número de trabajadores afectados.

La señalización no deberá considerarse una medida sustitutoria de las medidas técnicas y organizativas de protección colectiva y deberá utilizarse cuando mediante estas últimas no haya sido posible eliminar los riesgos o reducirlos suficientemente.

El empresario tomará las medidas adecuadas para informar al trabajador y a sus representantes sobre los riesgos de seguridad y salud laborales, las medidas y actividades de prevención y protección correspondientes y las medidas de emergencia adoptadas, incluyendo en estas la utilización de la señalización de seguridad y salud en el trabajo. El empresario proporcionará a los trabajadores y a sus representantes una formación adecuada, en particular mediante instrucciones precisas, en materia de señalización de seguridad y salud en el trabajo.

Figura 3.1. Algunos ejemplos de señales de seguridad.

3.3. Justificación de la importancia de la higiene de instalaciones y superficies en hospitales y clínicas

La higiene en los hospitales tiene que ser extrema, ya que en estos establecimientos se pueden encontrar personas con enfermedades contagiosas o en situación favorable para contraer enfermedades. Una limpieza regular no es suficiente para proteger a las personas de contagios, es preciso además aplicar técnicas de desinfección. Las medidas que se deben tener en cuenta variarán dependiendo de las zonas y su riesgo, variando también las técnicas, productos y útiles de limpieza.

Clasificación de las dependencias de un hospital por zonas según el riesgo:

1. Zona de bajo riesgo: vestíbulo, pasillos, escaleras, ascensores, consultas, capilla, salón de actos, gimnasio, servicios auxiliares, administración, comedores, *offices,* talleres, almacenes, centralita, archivos, vestuarios y residencia.

2. Zona de medio riesgo: medicina preventiva, área de hospitalización, enfermería, mortuorio, radioterapia, anatomía patológica, rehabilitación, endoscopia digestiva, medicina nuclear, radiología, laboratorio, urgencias, dietética, consultas externas, aseos, cocina y lavandería y lencería.

3. Zona de alto riesgo: cuidados intensivos, banco de sangre, esterilización, preparación de citostáticos y de parenterales, hemodiálisis, hemodinámica, paritorios, prematuros, quirófanos, trasplantes, reanimación, unidad de quemados y de inmunodeprimidos, oncología y zonas de aislamiento. Estas zonas se pueden, a su vez, subdividir en tres áreas (las de pacientes, las de personal sanitario y la de reanimación).

La limpieza diaria se realizará siempre con retirada de polvo y barrido, ambas con técnica en húmedo. Para el fregado de suelos se procederá mediante la técnica de doble cubo. La desinfección de superficies siempre se hace de la parte más alta a la zona baja, y la limpieza y desinfección de baños comenzando por las zonas menos sucias a las más limpias.

- Limpieza de zonas de alto riesgo: realizaremos la misma con equipo protector personal (calzas, mascarillas, gorros, bata, etc.). En la zona de quirófanos limpiaremos superficies y mobiliario y útiles cuya limpieza no corresponda al personal sanitario.

   Dentro del área quirúrgica distinguimos dos zonas bien diferenciadas:

   a) Circuito limpio: es la zona de paso del personal sanitario, es decir, vestuarios, pasillos, zonas de lavado de manos y reanimación. La limpieza-desinfección vendrá determinada por lo que marque el supervisor de quirófanos o medicina preventiva. En caso contrario, la limpieza profunda debe realizarse una vez por semana.

   b) Circuito sucio: es la zona por la que transitan los acompañantes o familiares del enfermo, es decir, antequirófano, pasillos, áreas de descanso, etc.

Al igual que la zona anterior, la limpieza-desinfección vendrá determinada por lo que marque medicina preventiva. En caso contrario, la limpieza profunda debe realizarse como mínimo una vez al mes.

La limpieza se realizará siempre empezando por las denominadas zonas limpias pasando al final de la jornada a las zonas sucias. Entre intervenciones debe realizarse una limpieza rápida, a excepción de casos en los que se haya intervenido a un paciente con enfermedad contagiosa, entonces será minuciosa. La limpieza profunda se hará al final de la jornada.

La limpieza entre intervenciones consiste en:

1. Recoger restos de material como vendas, apósitos, etc., y depositarlos en los recipientes contenedores adecuados.

2. Vaciado de basuras y limpieza con desinfectante.

3. Limpieza de mobiliario y superficies con agua y un detergente-desinfectante.

4. Fregado de suelo mediante doble cubo empleando desinfectante. Tener especial cuidado de que no queden restos orgánicos y secar.

5. Limpiar y desinfectar el material empleado en la limpieza y desechar el de un solo uso.

La limpieza terminal (al final de la jornada) se realizará con desinfectante y empleando el sistema de colores que hemos explicado en la primera unidad. Se llevará a cabo de la siguiente manera:

1. Limpieza de paredes y puertas con desinfectante.

2. Limpieza de zona de lavado de manos completa.

3. Limpieza de inodoros y vertederos en profundidad.

4. Limpieza de suelos con doble cubo.

El resto de áreas no quirúrgicas se limpia de la siguiente manera:

1. Retirar polvo de los suelos con barrido en húmedo. Fregar posteriormente con doble cubo.

2. El agua del cubo debe cambiarse después de realizar la limpieza en cada *box*. No usar el mismo material de limpieza si no lo hemos desinfectado entre *box* y *box*. Desecharemos los guantes.

3. Limpieza de paredes y servicios con detergente-desinfectante.

4. De igual manera se limpiaran superficies y mobiliario.

- <u>Limpieza de zonas de medio riesgo</u>: es muy similar al método explicado anteriormente. Emplearemos siempre el sistema de colores para el empleo de material de limpieza. Evitar contaminaciones cruzadas.

El proceso de limpieza de una habitación de hospital se ha explicado en la segunda unidad. Cuando una habitación es de salida, la limpieza, al igual que en los establecimientos hoteleros, se hará en profundidad. En este caso precisa limpiar la cama a fondo con detergente-desinfectante. En el caso de habitaciones que han sido ocupadas por enfermos infecciosos o con aislamiento especial, siempre hay que realizar la limpieza con protección personal (EPI). La ventilación de la habitación debe ser exhaustiva y el material de limpieza al finalizar esta tiene que ser desinfectado.

- <u>Limpieza de zonas de bajo riesgo</u>: se hará de la misma manera que en riesgo medio empleando sistemas de colores y limpieza con doble cubo en húmedo.

Para terminar, hablaremos de <u>los residuos</u> que se generan tras los procedimientos de limpieza, con un tratamiento especial en el caso de hospitales. Los residuos deben tratarse con especial cuidado. Se deben establecer protocolos de actuación en cuanto al tratamiento, recogida, almacenamiento y evacuación.

Los residuos sólidos urbanos no entrañan peligro y se evacúan en bolsas de basura normal. Los biosanitarios se recogerán en bolsas verdes. Los sanitarios especiales se recogerán en envases especiales. Los envases de los citotóxicos estarán señalados con el pictograma correspondiente y suelen ser de color rojo. Los residuos químicos serán tratados por los facultativos, **nunca** por personal de limpieza. Y los contaminados por sustancias radioactivas serán manipulados por empresas especializadas.

ACTIVIDADES

3.1. Elabora una ficha de seguridad lo más completa posible con la información que aparezca en tres etiquetas de cualquier producto de limpieza que encuentres en tu trabajo u hogar.

3.2. Consulta el documento *Guía técnica para la evaluación y prevención de los riesgos relativos para la utilización de los lugares de trabajo,* que puedes encontrar en la página web del actual Instituto Nacional de Seguridad y Salud en el Trabajo, que determina:

a) Cuál es el calzado más adecuado para trabajar.

b) Cómo deben ser los uniformes de trabajo del personal de limpieza.

c) Periodicidad y técnicas adecuadas en las limpiezas.

3.3. Consulta el documento *Guía sobre la señalización de seguridad y salud en el trabajo,* del Instituto Nacional de Seguridad y Salud en el Trabajo, que puedes encontrar en la página web de dicho instituto y cita las señales acústicas y gestuales que existen.

AUTOEVALUACIÓN

Elabora el siguiente test. Rodea con un círculo la respuesta correcta, solo una es verdadera.

1. Un producto con pH de 5 será:
   a) Ácido.
   b) Neutro.
   c) Alcalino.

2. Al compuesto de grasas naturales y un álcali (potasa o sosa) se le denomina:
   a) Detergente.
   b) Jabón.
   c) Limpiador jabonoso.

3. La limpieza de los sanitarios del baño se realizará por el siguiente orden:
   a) Lavabo, bidé, inodoro y bañera.
   b) Inodoro, bidé, bañera y lavabo.
   c) Lavabo, bañera, bidé e inodoro.

4. Los quirófanos se limpian exhaustivamente:
   a) Al final de la jornada.
   b) Entre intervenciones de enfermos infectocontagiosos.
   c) En ambos casos.

5. Un producto desinfectante tiene que tener textura:
   a) Viscosa.
   b) Líquida.
   c) Es indiferente.

6. De los siguientes desinfectantes cuál tiene poder residual:
   a) Lejía.
   b) Amonio cuaternario.
   c) Ambos.

7. La fiselina empleada para proteger la mopa que una vez usada se desecha es la que está compuesta de:
   a) Celulosa.
   b) Nailon.
   c) Todas se desechan.

8. Los filtros que llevan incorporados las máquinas aspiradoras tienen un poder de retención de partículas determinado. Indica cuál de los siguientes retienen partículas más pequeñas.
   a) ULPA.
   b) HEPA.
   c) Común.

9. La cerda de los cepillos empleados en máquinas de limpieza con más poder de abrasión es aquella compuesta de:
   a) Nailon.
   b) Carborundo.
   c) Polipropileno.

10. Una máquina rotativa de 200 revoluciones por minuto es adecuada para trabajos de:
    a) Pulido de ceras blandas.
    b) Cristalizado de superficies duras.
    c) Lavado y champuneado de textiles.

11. El granito es una piedra:
    a) Muy porosa.
    b) Muy resistente.
    c) Ambas respuestas son correctas.

12. Se considera suelo duro a:
    a) El PVC.
    b) La pizarra.
    c) La madera.

13. El tratamiento de protección adecuado para el granito es el:
    a) Encerado.
    b) Cristalizado.
    c) No precisa.

14. El mantenimiento diario de suelos de mármol brillante se hará mediante:
    a) Barrido en seco.
    b) Barrido en húmedo.
    c) Cristalizado.

15. Las emulsiones acrílicas se emplean en superficies de:
    a) Barro cocido en el exterior.
    b) Barro cocido en el interior.
    c) El gres.

16. El terrazo tiene la característica de ser
    a) Poco poroso.
    b) Friable.
    c) Muy duro.

17. El PVC es poco sensible a los productos:
    a) Ácidos.
    b) Alcalinos.
    c) A ambos.

18. De las siguientes afirmaciones respecto al linóleo di cuál es verdadera:
    a) Es resistente al calor.
    b) Es resistente a los golpes.
    c) Es sensible a los disolventes.

19. La fibra que para su fabricación se emplea una materia prima natural a la que se aplican tratamientos químicos se denomina:
    a) Natural.
    b) Artificial.
    c) Sintética.

20. El tratamiento de madera más resistente es el:

a) Lacado.

b) Barnizado.

c) Pintado.

21. Para el barrido de superficies que contienen restos de hojas, tierra y residuos sólidos emplearemos una escoba:

a) De fibras cortas.

b) De fibras largas y rígidas que se recuperen con elasticidad.

c) Es indiferente.

22. Manipular cargas de más de 3 kilogramos de peso pueden producir trastornos musculoesqueléticos:

a) Si las condiciones ergonómicas son desfavorables.

b) Aunque no existan condiciones ergonómicas desfavorables.

c) En cualquier caso.

23. La mezcla de vinagre y la sal gorda se emplea en la limpieza de:

a) Metales como el cobre y el bronce.

b) Suelos de barro cocido.

c) Superficies de mármol.

24. Para la limpieza de alfombras en seco emplearemos cualquier máquina lavadora de tapicerías de tipo :

a) Microesponjas.

b) Rotativa.

c) Inyección-extracción.

25. Cuando hablamos del ácido clorhídrico nos referimos a :

a) La lejía.

b) El aguafuerte.

c) El vinagre.